Dieux et héros de la mythologie grecque

D'AUTRES LIBRIO MÉMO POUR APPRENDRE L'ESSENTIEL

Les Plus Grands Mythes de Platon, n° 1117
Le latin est un jeu, n° 1069
L'Antiquité est un jeu, n° 961
Grand Librio – Mythologie, n° 877
Les Grands Mythes antiques, n° 866
La mythologie est un jeu, n° 834
300 proverbes et expressions hérités du latin et du grec, n° 757
Histoire romaine, n° 720
Latin pour débutants, n° 713
Dieux et pharaons de l'Égypte ancienne, n° 652

Gilles Van Heems

Dieux et héros de la mythologie grecque

Nouvelle édition augmentée

Librio

AVANT-PROPOS

> « Et c'est ainsi, Glaucon, que le mythe a été sauvé et qu'il ne s'est point perdu. Il peut, si nous y ajoutons foi, nous sauver nous-mêmes… »
>
> (Platon, *La République*, X, 621 b, d'après la traduction d'É. Chambry, PUF, Paris, 1934.)

Vouloir enfermer la mythologie grecque dans un corset d'une centaine de pages relève de la gageure. À l'instar de Protée, le mythe grec prend mille formes pour nous échapper, et il est souvent malaisé de se repérer dans la vaste forêt des références mythologiques qui émaillent plus de deux mille cinq cents ans de littératures. Utilisé, raconté, travesti et trahi depuis Homère jusqu'à aujourd'hui, le mythe est au cœur même de la notion moderne de *fiction* ; il nous a dès lors semblé intéressant de fournir au lecteur un petit *vade-mecum*.

Mais en quoi un nouvel ouvrage de ce type serait-il utile, quand ont fleuri, dès l'Antiquité, toutes sortes d'études visant à raconter et à interpréter le mythe[1] ? Ainsi, à la suite d'Évhéméros, qui vécut en Sicile autour de 300 avant J.-C., certains ont-ils cherché à prouver que les mythes n'étaient en réalité que des allégories et qu'ils portaient la trace, sous une patine merveilleuse, d'événements qui s'étaient réellement produits et de personnages réels qui auraient été divinisés. De telles reconstructions témoignent, dans leur ardeur à « sau-

1. Sur les différentes sources de la mythologie grecque nous renvoyons à l'excellente présentation qu'en fait P. Grimal en introduction à son dictionnaire (*Dictionnaire de la mythologie grecque et romaine*, Paris, PUF, 1951).

ver les apparences » (si répandue à l'époque hellénistique dans tous les domaines du savoir), du souci de *prendre au sérieux* ces récits. Et chaque époque, pourrions-nous dire, a cherché, à sa manière, à les « sauver » en en dévoilant ce que l'on croyait alors être la « clé ». Ainsi se sont succédé des interprétations tour à tour cosmologiques, symbolistes, comparatistes, structuralistes ou psychanalytiques. Sans aucun doute toutes ces grilles de lecture ont enrichi notre perception du mythe grec, mais aucune d'entre elles ne saurait donner une explication exhaustive, qu'il serait d'ailleurs illusoire de chercher.

Aussi nous semble-t-il plus que jamais indispensable, devant cette recrudescence critique, de revenir à la source et d'offrir au lecteur les principaux récits de la mythologie grecque. La forme choisie est celle, commode, du dictionnaire, et nous avons décidé de n'y inclure que des noms de dieux et héros grecs, à l'exclusion des créatures monstrueuses. Comme cette mythologie est née en Grèce et nous est connue d'abord et surtout par des œuvres grecques, nous ne donnons que le nom grec de chaque personnage ; un index des entrées par le nom latin, cependant, situé en annexe, permettra au lecteur à qui les noms latins sont plus familiers de retrouver facilement le personnage qu'il cherche. Il est néanmoins deux héros que nous avons présentés sous leur nom latin, *Pollux* et *Ulysse*, éminemment plus connus sous ces noms que sous ceux de *Polydeucès* et *Odysseus*. Quant à la transcription des noms grecs, nous avons préféré nous conformer à la tradition française, toute incohérente qu'elle soit; ainsi nous parlerons de Thésée plutôt que de *Theseus* ou d'Œdipe plutôt que d'*Oidipous*, mais nous garderons le terme grec de *Dionysos*. Pour différencier certains noms, nous avons parfois adopté une transcription directe: nous distinguons ainsi Hippolyte (en grec: *Hippolytos*), fils de Thésée, d'*Hippolytè*, reine des Amazones.

Les dimensions de l'ouvrage, on l'aura compris, nous ont contraint à ne choisir que l'essentiel, c'est-à-dire, en définitive, à n'offrir au lecteur qu'un choix subjectif.

Subjectif, certes, mais pas irrationnel, et un principe a constamment guidé la rédaction de ce florilège : nous avons retenu les noms des personnages qui interviennent dans les plus importantes œuvres de la littérature ancienne et les épisodes les plus centraux de leur existence. Ces œuvres de référence sont, évidemment, les poèmes homériques, l'*Iliade* et l'*Odyssée*, qui n'ont cessé d'imprimer leur marque dans la littérature « occidentale » ; l'œuvre d'Hésiode, ainsi que les *Hymnes* attribués à Homère, quoique rédigés à des époques variables, forment également des recueils fort précieux pour qui s'intéresse à la mythologie. À cet ensemble, nous avons ajouté les pièces des trois grands tragiques grecs, Eschyle, Sophocle et Euripide, qui se fondent souvent sur des traditions inconnues d'Homère et qui modifient volontiers la version « canonique » du mythe. Enfin, il nous a semblé difficile de ne pas prendre en compte le texte des *Métamorphoses* d'Ovide, qui nous donne accès à des sources alexandrines pour la plupart aujourd'hui perdues et qui, surtout, a eu une influence considérable sur la littérature européenne du Moyen Âge à nos jours. Pour compléter les notices, on trouvera en annexe trois tableaux généalogiques destinés à aider le lecteur à ne pas se perdre dans les « grandes familles » du mythe grec.

> Dans chaque notice, un astérisque (*) suit les noms des personnages qui possèdent leur propre entrée dans le dictionnaire ; le nom est précédé d'une flèche (→) quand le renvoi à un personnage ou un épisode particulier est jugé indispensable.

A

Achille

Fils de Pélée et de la déesse marine Thétis*, Achille, qui était destiné par sa naissance même à avoir un destin exceptionnel (→ Thétis), est le personnage principal de l'*Iliade*, dont le sujet est la fameuse « colère d'Achille le Péléide ». « Achille aux pieds légers » est le plus vaillant des Achéens et le seul d'entre eux à être vraiment craint par les Troyens ; mais il apparaît bien souvent, dans l'épopée, colérique, orgueilleux et violent.

Dès sa naissance, sa mère, voulant le préserver de la mortalité que lui avait conférée son humain de père, le plongea dans les eaux du Styx ; ce fleuve des Enfers avait la particularité de rendre invulnérable quiconque s'y baignait. Cependant, Thétis tenait son enfant par le talon, et le « talon d'Achille » resta pour toujours le point faible du héros. Quand il fut jeune homme, les chefs achéens lui proposèrent de participer à l'expédition contre Troie ; sa mère lui annonça alors qu'il mourrait prématurément, s'il partait en guerre, mais serait couvert de gloire ; au contraire, s'il restait chez lui, sa vie serait obscure, mais fort longue. L'impétueux Achille opta sans hésiter pour la vie de gloire. Une autre version dit que Thétis aurait alors caché son jeune fils, déguisé en fille, dans le palais de Lycomède, roi de Scyros, qui n'avait que des filles. Il fut pourtant retrouvé par Ulysse*, qui déjoua la ruse en présentant des armes au jeune travesti.

Achille partit pour Troie accompagné de Patrocle*, son grand ami, et de Phœnix, qui avait été son précepteur. Thétis lui donna la cuirasse, les armes et le bouclier forgés par Héphaïstos* pour Pélée, ainsi que deux chevaux donnés par Poséidon*.

La vraie colère d'Achille, celle que chante l'*Iliade*, fut causée par Agamemnon*. Au début de la dixième année du siège, Apollon* envoie la peste ravager le camp des Achéens ; il est courroucé par l'attitude d'Agamemnon, qui avait enlevé Chryséis, la fille de Chrysès, son prêtre. Lors de la même razzia, Achille avait ramené la belle Briséis. Pour sauver le camp, Agamemnon est contraint de rendre à son père Chryséis, mais, s'estimant lésé, il exige qu'Achille lui donne Briséis en retour. Celui-ci ne peut refuser, mais décide, devant cette injustice, de se retirer du conflit. Commence alors pour les Achéens une série de défaites éclatantes ; sans Achille, les Troyens ne craignent plus de venir combattre devant les tentes de leurs ennemis ; Patrocle, devant l'imminence du danger, demande à son ami de lui prêter ses armes divines, et sort, ainsi vêtu, combattre les Troyens ; mais le grand Hector* le tue au cours d'un duel. La mort de son ami pousse Achille à revenir au combat, d'abord pour reprendre le corps de Patrocle (il veut lui assurer une digne sépulture), ensuite pour faire douze prisonniers troyens, en vue de les sacrifier à la mémoire de Patrocle.

La dernière action d'éclat d'Achille est, d'après Homère, son duel contre Hector. Quand la rencontre a lieu, Zeus* contraint Apollon à abandonner Hector, qu'il protégeait de sa faveur divine – il détestait en outre Achille qui avait tué l'un de ses fils. Le combat est incertain, mais Achille finit par tuer Hector, qui lui prédit, en mourant, sa mort prochaine et le prie de restituer son corps à sa famille. Achille, dans son orgueil plein de cruauté, emporte le cadavre du héros troyen, l'attache à son char et fait chaque jour le tour de la ville. Priam* vient alors le voir dans sa tente et le supplie de lui rendre le corps de son fils qui attend sépulture. Achille, ému, le lui rend, contre paiement d'une forte rançon.

L'*Iliade* s'achève sur les funérailles d'Hector ; mais Achille trouve peu après la mort : Pâris* tire une flèche qu'Apollon guide vers le talon du héros, la seule partie vulnérable de son corps (→ Pâris). Dans l'*Odyssée*, enfin, Ulysse rencontre l'âme du héros, et l'ombre d'Agamemnon décrit les jeux funèbres organisés en l'honneur d'Achille, ainsi que la querelle qui éclata au sujet de ses armes (→ Ajax 2, Ulysse).

Actéon

Fils d'Aristée et d'une nymphe, Actéon est, par son père, petit-fils d'Apollon* et descend par sa mère de Cadmos*. Il fut élevé par le centaure Chiron*, qui lui apprit l'art de la chasse. Le jeune homme passait le plus clair de son temps à chasser avec sa meute de cinquante chiens. Or, un jour qu'il pistait le gibier dans une forêt, il aperçut Artémis*, nue, qui se baignait dans une source ; offensée par ce regard, la déesse se vengea aussitôt : elle transforma le chasseur en cerf et Actéon fut dévoré par ses propres chiens (→ Artémis).

Adonis

Cette divinité et son culte, d'origine orientale (la légende se déroule en Syrie), sont connus d'Hésiode, mais se répandent surtout à l'époque hellénistique.

Le mythe raconte comment Myrrha conçut pour son père (un roi dont le nom et le royaume varient) un désir incestueux. Aphrodite*, irritée, lui avait en effet inspiré cet amour interdit. Myrrha trouva un stratagème pour coucher pendant douze nuits avec son père, jusqu'à ce que ce dernier s'en aperçût et voulût tuer sa fille. Celle-ci prit la fuite, poursuivie par son père, et pria les dieux de la protéger ; ils s'exécutèrent en la transformant en arbre, l'arbre à myrrhe. Mais Myrrha était enceinte et, quelques mois plus tard, l'écorce de l'arbre qu'elle était devenue se fendit et laissa sortir un enfant. Aphrodite le recueillit et, frappée par son immense beauté, le confia en secret à Perséphone* pour qu'elle l'élève. Mais cette dernière, qui était tombée sous le charme du garçon, refusa, le jour convenu, de rendre Adonis à la déesse. Zeus* fut alors pris pour arbitre et il trancha : pendant un tiers de l'année Adonis resterait auprès de

Perséphone, il passerait un second tiers avec Aphrodite et occuperait le dernier tiers de l'an à sa guise. Adonis choisit de toujours passer deux tiers de l'année avec Aphrodite, et un seul tiers avec Perséphone. Ce jeune garçon, doté d'une beauté extraordinaire, fut tué par la jalousie d'Arès*, qui lança contre lui un sanglier furieux.

Adonis, mort dans la fleur de l'âge, au faîte de sa splendeur, représente une divinité de la végétation et des fleurs, engendré par un arbre et condamné à vivre un tiers de l'année sous terre auprès de la souveraine des Enfers, avant de renaître, pour le reste de l'année, avec l'aide de la déesse de l'amour.

Agamemnon

Fils d'Atrée* et d'Aéropé, Agamemnon règne sur Argos. Roi maudit pour les exactions de son père (→ Atrée), il est le frère de Ménélas* et le second mari de Clytemnestre* ; celle-ci fut contrainte de l'épouser, alors qu'il avait tué son premier mari, Tantale*, son propre cousin. Ensemble ils eurent trois filles, Chrysothémis, Iphigénie* et Électre*, et un fils cadet, Oreste*. Son autorité personnelle lui vaut le commandement de l'expédition achéenne contre Troie, rassemblée pour venger l'honneur de son frère (→ Hélène, Ménélas), mais il fait souvent figure de personnage cruel et un tantinet obstiné.

Avant même son arrivée à Troie, il est responsable du premier sang versé pour la guerre ; il s'était vanté, après avoir tué un cerf à la chasse, d'avoir fait mieux qu'Artémis* ; celle-ci ordonna alors à tous les vents de cesser de souffler sur Aulis, où était stationnée la flotte, tant que le roi ne lui aurait pas sacrifié sa fille Iphigénie, encore vierge. Sous la pression des soldats et de son frère, Agamemnon fit venir sa fille sous prétexte de la marier à Achille* ; mais en fait, au jour prévu, il lui fit trancher la tête en l'honneur de la déesse courroucée. Artémis, dit-on, remplaça à cet instant la jeune fille par une biche, et l'envoya servir son culte en Tauride

(→ Oreste), mais Clytemnestre ne pardonna jamais cette seconde offense.

C'est encore à son comportement qu'est due la fameuse colère d'Achille, ô combien funeste aux Achéens ; contraint par Apollon* de rendre à son père la jeune Chryséis, qu'il avait enlevée au cours d'une razzia dans les environs de Troie, Agamemnon avait forcé Achille à lui donner sa propre captive, Briséis, entraînant ainsi le retrait d'Achille des hostilités et toute une série de défaites pour les Achéens (→ Achille).

Son retour à Argos est marqué du sceau de la vengeance : Clytemnestre, qui éprouvait une terrible rancœur envers son mari depuis leur mariage et plus encore depuis le sacrifice de leur fille, avait pris pour amant Égisthe*, avec qui elle prépara le meurtre d'Agamemnon. Alors que celui-ci rentrait de Troie avec Cassandre* comme prisonnière (et concubine), Clytemnestre le tua et Égisthe prit le pouvoir à Argos. Agamemnon fut vengé par ses enfants, Oreste et Électre (→ Électre, Oreste).

Ajax

1. Fils d'Oïlée, « Ajax le petit » prend part à l'expédition achéenne contre Troie à la tête du contingent locrien. Il est petit et rapide, et manie l'arc, son arme de prédilection (et qui passait, aux yeux des Grecs, pour moins noble que les armes de contact) ; mais il est surtout célèbre pour son arrogance, sa cruauté et son impiété. C'est lui qui, la nuit du sac de Troie, viole dans le temple d'Athéna*, au pied de la statue de la déesse, Cassandre* ; il encourt pour cela la colère de la fille de Zeus* (→ Athéna), qui envoie une tempête sur son navire, alors qu'il cherche à rentrer chez lui. Son bateau coule, mais lui-même est sauvé de justesse par Poséidon* ; mais comme Ajax attribuait son salut à sa seule vaillance et non à l'aide de Poséidon, ce dernier laissa Athéna le foudroyer.

2. Fils de Télamon, « Ajax le grand » s'oppose en tout point au précédent. Il est grand, courageux, manie la lance et l'épée. Il est le plus valeureux des Achéens après Achille*. Il participe à l'expédition en tant que chef du contingent de Salamine. Il s'illustre à de nombreuses reprises dans la guerre et dirige souvent les troupes achéennes ; plusieurs combats l'opposent à Hector*, mais il ne parvient jamais à le vaincre (→ Hector). Après la mort d'Achille, les Achéens débattent pour savoir à qui reviendront les armes du héros, forgées par Héphaïstos* à la demande de Thétis*, la mère du héros. Comme celle-ci les avait promises au plus vaillant des Achéens, on interrogea les prisonniers troyens pour départager les chefs ; ceux-ci répondirent que c'était Ulysse*, qui obtint les armes tant convoitées, alors qu'il ne s'était pas particulièrement illustré dans les combats. Ajax ne supporta pas ce qu'il jugeait une traîtrise ; il devint fou et massacra en pleine nuit les troupeaux des soldats achéens ; au petit jour, revenu à la raison, il comprit sa folie et se donna la mort.

Alexandre → Pâris.

Amphitrite

Souveraine de la mer, Amphitrite est une fille de Nérée* (c'est donc une Néréide). Elle est surtout connue pour être la femme de Poséidon*, le dieu des eaux, qui l'enleva après l'avoir vue danser avec ses sœurs près de l'île de Naxos. Elle gouverne auprès de son époux les créatures marines.

Andromaque

Fille d'Eétion, roi de Thèbes (en Mysie), Andromaque est l'épouse d'Hector*, fils de Priam* et héros de Troie. Elle lui donna un fils, Astyanax*. Durant le siège de Troie, Achille* mit à sac sa ville natale et tua son père et ses sept frères. Cette femme, de grande taille et d'une beauté extraordinaire, est la figure même de l'épouse, douce et aimante, et de la mère attentionnée. Après la prise de Troie, certaines versions prétendent qu'elle fut emmenée comme esclave par Néoptolème* (surnommé aussi Pyrrhos), le fils d'Achille, en Épire, et qu'il eut d'elle plusieurs fils. À sa mort, il légua à Hélénos, le frère d'Hector, qu'il avait emmené avec Andromaque, son royaume ainsi que la femme de son frère défunt (→ Astyanax, Hector).

Andromède

Fille de Céphée, roi d'Éthiopie, et de Cassiopée, cette jeune fille eût été promise à un odieux destin, si Persée* n'était venu à son secours. Cassiopée, en effet, s'était vantée d'être plus belle que les Néréides, qui, piquées au vif, avaient prié Poséidon* de punir cette orgueilleuse mortelle. Le dieu des ondes envoya alors un affreux monstre marin ravager les côtes éthiopiennes. Un oracle apprit à Céphée que, pour délivrer son pays, il devait sacrifier au monstre sa fille ; Andromède fut donc enchaînée à un rocher perdu en pleine mer et attendait avec frayeur que le monstre vînt l'emporter, quand Persée, de retour de son expédition contre Méduse, passa dans le ciel d'Éthiopie ; il vit Andromède, dont il tomba immédiatement amoureux, et promit à ses parents de la sauver s'ils lui donnaient sa main. Le héros s'élança alors sur ses sandales ailées et plongea, le glaive en avant, contre le monstre qui s'apprêtait à dévorer la jeune fille. Il défit ses liens et l'emmena à Tirynthe, où ils régnèrent tous deux (→ Persée). À sa mort, Andromède fut changée en constellation, tout comme sa mère et son époux.

Antigone

Fruit des amours incestueuses entre Œdipe* et Jocaste*, Antigone a une sœur, Ismène, et deux frères, Étéocle* et Polynice*. Elle est l'incarnation de la piété filiale et fraternelle, puisqu'elle accompagne son père jusqu'à Colone, quand il se força à partir en exil, après avoir découvert qu'il avait épousé sa propre mère (→ Œdipe). Après la mort de son père, Antigone revint à Thèbes, que gouvernait alors son frère Étéocle ; à l'issue de la guerre où s'entre-tuèrent les deux frères (→ Étéocle,

Polynice), Créon, l'oncle des enfants d'Œdipe, organisa des funérailles publiques en faveur d'Étéocle, mais interdit à Polynice, jugé ennemi public, toute sépulture. Antigone, invoquant des « lois non écrites » dictées par les dieux, passa outre à cet interdit, et alla ensevelir son frère proscrit; Créon l'apprit et la condamna à mort au nom de l'État. La jeune fille fut enterrée vive dans le tombeau de ses ancêtres; son fiancé Hémon l'accompagna dans la mort en se suicidant.

Aphrodite

Aphrodite est la plus belle des déesses et règne sur l'amour et le désir. Contrairement à tous les autres Olympiens*, elle ne descend pas de Cronos*, mais directement d'Ouranos*; on raconte, en effet, que lorsque Cronos trancha les organes sexuels de son père, les gouttes de sang et de sperme donnèrent naissance, au contact de la mer, à Aphrodite. On la dit née de l'écume, sans doute par une étymologie populaire et fausse qui la rapproche du mot grec *aphrós,* « écume ». Au sortir des flots, elle fut portée jusqu'à Cythère, puis jusqu'à Chypre, îles consacrées depuis ce jour à la déesse, par le souffle puissant des Zéphyrs; là, les Heures, déesses des saisons, et les Grâces l'habillèrent et la parèrent avant de l'emmener chez les dieux qui, ravis par sa beauté, l'accueillirent dans la joie.

Car il est certain que la caractéristique principale d'Aphrodite est sa beauté et la grâce qu'elle met dans chacun de ses gestes. Elle est la divinité qui inspire le désir charnel à toutes les créatures, et sa puissance n'a aucune borne, puisqu'elle peut contraindre le cœur des hommes comme celui des immortels. Son attribut principal est, on le comprend sans peine, sa nudité et c'est dans ce simple appareil qu'elle est le plus souvent représentée. Les colombes lui sont consacrées, dans la mesure où leur plumage sans tache et leur vol gracieux semblent rendre hommage à la déesse; on dit même qu'elle possède un char tiré par ces oiseaux.

Aphrodite a donc un empire sans partage sur les cœurs. Aussi Zeus*, sans doute par dépit, puisqu'il avait déjà pour épouse Héra*, lui donna-t-il comme mari Héphaïstos* le boiteux. Cette union avec le dieu du feu est à comprendre d'un point de vue symbolique ; mais un mariage de la plus belle des déesses avec le dieu le plus repoussant de l'Olympe ne pouvait durer bien longtemps. Elle était amoureuse d'Arès*, et comme son mari passait le plus clair de son temps dans sa forge, elle put assouvir sa passion. L'union de la puissance musculaire et virile avec la déesse des charmes de la féminité était consommée, et les rencontres régulières et secrètes des deux amants durèrent jusqu'à ce que Hélios*, le Soleil, le dieu qui voit tout, les découvrît un beau matin. Il alla sur-le-champ tout raconter à Héphaïstos qui prépara sa vengeance : le mari trompé forgea un filet incassable et invisible, dans lequel les deux amants furent pris ; ils furent ainsi exposés à la vue de tous les Olympiens, qui rirent bien longtemps de la mésaventure ! De cette union de la force et du désir naquit Éros*, le désir personnifié, mais aussi Deimos et Phobos, « Terreur » et « Effroi » ; l'un accompagne toujours sa mère, tandis que les autres font cortège à leur père (→ Arès).

Aphrodite est à l'origine de la guerre de Troie et du siège de dix ans qui s'y déroula. En effet, le jour des noces de Pélée et de Thétis*, les parents d'Achille* (→ Thétis), Éris (« la Discorde »), qui, pour des raisons évidentes, n'avait pas été invitée aux noces, décida de se venger en lançant sur la table du festin une pomme sur laquelle était écrit « à la plus belle ». Trois déesses prétendirent à ce titre et voulurent avoir la pomme, Héra, Athéna* et Aphrodite. Zeus, qui n'osait les départager de peur de représailles, chargea Hermès* d'emmener les trois rivales auprès d'un berger troyen, Pâris*. Les trois déesses tentèrent alors de corrompre le juge : Héra, femme du grand Zeus, lui proposait le pouvoir ; Athéna, déesse de l'intelligence et de la guerre, lui promettait une vie de sagesse et l'invincibilité au combat. Aphrodite, quant à elle, n'eut qu'un mot à lui dire : « Hélène* » ; c'était la plus belle femme du monde, et Pâris fut conquis à la seule idée de pouvoir l'épouser. Aphrodite fut ainsi déclarée, sans trop de difficulté, la plus belle et gagna la pomme de la discorde. Pâris se rendit aussitôt à Sparte, où vivaient Hélène et son royal mari, Ménélas*, et la déesse l'aida à enlever la jeune femme, donnant ainsi le départ à l'expédition des armées achéennes contre Troie (→ Hélène, Ménélas).

Le jugement de Pâris décida des préférences d'Aphrodite pour les Troyens ; elle sauva la vie de son protégé lors de son duel contre Ménélas ; elle veillait aussi sur son fils Énée* et le défendit contre Diomède ; elle le guida également tout au long de son périple qui devait le conduire en Italie, après la prise de Troie par les Achéens (→ Énée).

Aphrodite eut, on s'en doute bien, de nombreuses aventures amoureuses, avec des dieux comme avec des hommes ; parmi les plus célèbres, il convient de rappeler son amour pour le bel Adonis* (→ Adonis).

Apollon

Apollon est une très ancienne divinité, peut-être prégrecque. Létô*, enceinte de Zeus, encourait la jalousie d'Héra*, qui ne supportait pas la nouvelle infidélité de son mari ; or, cette dernière avait ordonné à la terre entière de refuser à Létô un endroit pour accoucher. L'indésirable finit néanmoins par trouver refuge dans une île flottante, minuscule caillou ballotté par les flots, qui accepta de devenir le lieu de naissance des enfants de Létô, en échange de la célébrité. Et de fait : dès que Létô eut mis au monde ses jumeaux, Artémis* d'abord, puis Apollon, l'île se fixa en prenant le nom de Délos (« la visible »).

Cet Olympien* incarne la lumière solaire dans toute son ambivalence. Destructeur comme l'astre du jour, il est le dieu qui purifie par sa chaleur brûlante. C'est lui qui envoie la peste et lance les flèches qui déciment les hommes. Mais il est aussi le dieu qui guérit, et, comme son fils Asclépios*, il est la divinité tutélaire des médecins. Assimilé au soleil, il est le dieu qui voit et sait tout (car tout se fait sous le soleil) ; aussi comprend-on pourquoi il est le dieu par excellence des prophéties et des oracles. Enfin, ce dieu lumineux, dont l'épiclèse la plus répandue est Phoibos, « le brillant », est aussi le dieu des arts, en particulier de la musique et de la poésie (arts que les Grecs ne séparaient pas), possesseur de la lyre, qui, avec ses sept cordes, symbolise l'astre solaire aux mille rayons ; on dit qu'il passe de longues heures avec les Muses* sur le mont Parnasse. Dieu archer, il possède un arc et un carquois rempli de flèches d'or – dont il se sert pour frapper quiconque soulève sa colère. Enfin, c'est un dieu berger : figure du soleil, il était chargé de garder les troupeaux de bœufs célestes que sont, pour l'imaginaire symbolique, les nuages qui « paissent » autour du soleil. Tout comme sa sœur, Apollon a d'ailleurs une vocation agreste. Le loup, le cygne et le corbeau, oiseau prophétique, lui sont consacrés. Ce dieu aux beaux cheveux blonds et bouclés est donc doté d'une personnalité complexe : à la fois doux et ami des arts, il ne cesse jamais d'être l'un des plus terribles Olympiens, chargé par Zeus* même, d'après Homère, de donner la mort aux hommes, tandis que sa jumelle, Artémis, s'occupe, l'heure venue, de faire disparaître les femmes.

Apollon se mit très vite à chercher un lieu où il pût rendre oracle et annoncer aux hommes ce que le destin leur réservait. Parcourant la mer sur un dauphin, il débarqua à un endroit, dominé par une colline, où vivait un monstre terrible, Python, serpent gigantesque, fils de Gaia*, qui, du fond de son antre obscur, rendait déjà un oracle. De toute évidence, la place était déjà prise. Qu'à cela ne tienne : Apollon défia le monstre et le putréfia à l'aide de ses flèches de lumière. Il avait gagné, brillamment, la bataille, mais souillé par le sang de Python, il dut aller se purifier avant de pouvoir devenir le dieu officiel de l'oracle le plus célèbre du monde grec, consulté par les plus grands souverains de l'Antiquité. La ville prit le nom de Delphes, parce que, croyait-on, le dieu y était arrivé à dos de dauphin (en grec, *delphís*). Apollon répondait aux fidèles à travers la bouche d'une vierge du pays, appelée la pythie, en souvenir de l'ancien occupant des lieux.

Sa vocation poétique et musicale lui fut révélée à la suite de sa querelle avec Hermès* (→ Hermès), qui lui fit don de la lyre inventée par lui ; il devint très vite le meilleur des musiciens et remporta la victoire sur le satyre Marsyas* qui s'était vanté d'être meilleur musicien que lui (→ Marsyas). À plusieurs reprises il aida les mortels, et devint même l'esclave de l'un d'entre eux, Admète. Apollon avait en effet tué les Cyclopes, qui servaient Zeus, pour venger la mort de son fils foudroyé par ce dernier (→ Asclépios) ; le roi des dieux, bouillant de colère, lui ordonna de se mettre une année entière au service du roi Admète, dont il devint même l'ami. Ainsi, grâce à Apollon, Admète eut un char tiré par un lion et un sanglier, gage demandé par Pélias, père d'Alceste, pour la donner en mariage. Le dieu alla même jusqu'à prier les Moires de ne pas faire mourir Admète, si, au jour fixé pour sa mort, il trouvait quelqu'un qui consentît à mourir à sa place ; or, au jour prévu, personne, pas même ses vieux parents, ne voulait prendre la place d'Admète. Seule sa femme, par amour, accepta de mourir. Et sans Héraclès*, qui descendit aux Enfers pour la ramener, Alceste aurait abandonné son époux à sa solitude éternelle.

Ce dieu proche des hommes fut le soutien principal des Troyens, pendant la guerre qui les opposa aux Achéens. Cette préférence remonte à la fondation même de la cité : Poséidon* et lui aidèrent Laomédon* à bâtir la muraille de Troie et, malgré le parjure de ce dernier, Apollon, contrairement à Poséidon, apporta son soutien à Priam* et à ses enfants. Il aida maintes fois le vaillant Hector* dans la bataille et guida la flèche de Pâris* qui devait être fatale à Achille*. C'est lui d'ailleurs qui, au premier chant de l'*Iliade*, envoie la peste au camp des Achéens, pour punir Agamemnon* d'avoir enlevé Chryséis, la fille de son prêtre. Il porta également secours à Oreste* et le soutint constamment durant sa longue vengeance (→ Oreste).

D'une beauté extraordinaire, Apollon n'eut pourtant pas que des succès auprès de ceux et celles qu'il voulait séduire. Cassandre*, la belle Troyenne, repoussa ses avances ; la nymphe Daphné, poursuivie par un Apollon très entreprenant, résolut de s'enfuir ; quand elle se trouva bloquée dans sa fuite par le fleuve Pénée, son propre père, la nymphe, qui avait fait vœu de rester vierge, le pria de la sauver: et au moment où Apollon approcha les mains de celle qu'il aimait, il toucha l'écorce et le feuillage d'un laurier (*daphnê* signifie « laurier » en grec). Éperdu d'amour, il en fit son arbre sacré.

Le dieu eut une violente dispute avec Héraclès, un jour que ce dernier, après le meurtre d'Iphitos, alla consulter la pythie à Delphes ; il voulait savoir, en effet, comment il pourrait expier ce crime et se libérer de sa folie. La pythie, horrifiée, refusa d'abord de lui répondre ; Héraclès, qu'il valait mieux ne pas contrarier, s'empara alors du trépied sacré sur lequel la pythie dévoilait les prophéties d'Apollon, et ce dernier apparut pour reprendre son bien. Zeus dut séparer ses enfants, et Apollon finit par dévoiler à son demi-frère qu'il serait guéri quand il aurait servi trois ans comme esclave. Le héros remercia Apollon et en propagea le culte au cours de ses voyages par amitié pour un dieu qui, comme lui, n'avait pas eu honte d'être l'esclave d'un homme.

Arès

Olympien*, fils de Zeus* et d'Héra*, Arès est le dieu de la guerre ; il règne sur les champs de bataille, et se réjouit des carnages et des combats sanguinaires. D'une beauté toute virile, d'une stature imposante, il se montre aux hommes accompagné d'un cortège épouvantable, composé de ses enfants Deimos et Phobos (« Terreur » et « Effroi » ; → Aphrodite). On le représente généralement avec la barbe et armé d'un casque, d'une cuirasse, d'une lance, d'une épée et d'un bouclier ; le vautour, parce qu'il vole souvent au-dessus des champs de bataille désertés, lui est consacré.

Ce dieu de violence, qui sème la terreur et l'épouvante sur son passage, préside, avec Athéna*, sa demi-sœur, à la guerre ; ils forment néanmoins un couple antithétique, et les légendes grecques montrent souvent Arès et sa violence aveugle et stupide vaincus par Athéna et ses protégés. Ainsi, au cours de la guerre de Troie, Athéna aide Diomède à blesser Arès qui combattait au milieu des Troyens (→ Athéna) ; quand, dans ses pérégrinations, Héraclès* dut combattre Cycnos, fils d'Arès devenu brigand de grand chemin, Arès prit part à la bataille pour sauver son fils; il projeta sa lance sur Héraclès, qui aurait été tué si Athéna elle-même ne l'avait protégé de son bouclier; profitant de la confusion, Héraclès frappa Arès à la cuisse, qui s'enfuit piteusement vers l'Olympe.

Arès, fort de sa virilité, eut plus d'une partenaire; sa compagne la plus célèbre fut Aphrodite*, avec qui il eut une relation adultère. Cette union de la beauté et de la force, du désir et de la violence, donna naissance à de nombreux enfants: Éros* (« désir amoureux »), Harmonie, Deimos et Phobos (→ Aphrodite). Il eut une descendance nombreuse avec des mortelles; mais ces enfants, pour la plupart, s'illustrèrent comme criminels ou bandits de grand chemin; nous avons déjà signalé Cycnos, qu'il eut de Pyréné; de la même femme naquit Diomède de Thrace (à ne pas confondre avec le Diomède de l'*Iliade*), qui donnait à manger à ses chevaux de la chair humaine, et que tua Héraclès (→ Héraclès).

Ariane

La belle Ariane, fille de Minos*, roi de Crète, et de Pasiphaé, joue un rôle important dans les exploits de Thésée* en Crète; tombée amoureuse du héros athénien, elle lui donne une pelote de fil pour lui permettre de retrouver son chemin dans le labyrinthe de Dédale*, où est enfermé le Minotaure. Après sa victoire sur le monstre, Thésée emmène sa promise avec lui; mais il dut l'abandonner, alors qu'elle dormait, sur l'île de Naxos; il lui était interdit, selon les lois divines, de l'épouser, puisqu'il avait tué son demi-frère, le Minotaure – Ariane et le monstre étaient en effet tous deux enfants de Pasiphaé (→ Minos, Thésée). Éperdue de tristesse, la jeune fille fut consolée par l'arrivée de Dionysos* et de son cortège sur l'île de Naxos. Charmé par sa beauté, le dieu l'épousa et l'emmena même sur l'Olympe.

Artémis

Fille de Zeus* et de Létô*, Artémis est la sœur jumelle d'Apollon* et son aînée ; à peine née, elle aida sa mère à accoucher de son frère (→ Apollon). Elle forme avec lui un couple complémentaire qui représente le ciel sous ses deux aspects : tandis qu'Apollon est la lumière diurne qui illumine le ciel et la terre, Artémis est la Lune dont l'éclat blafard donne à la terre une apparence secrète et mystérieuse ; si à Apollon revient l'or et sa luminosité étincelante, Artémis préfère l'argent et ses reflets pâles et froids ; le frère a connu mille aventures amoureuses, mais la sœur a fait vœu de toujours rester vierge.

Le symbolisme nocturne d'Artémis en fait ainsi avant tout la déesse du monde sauvage et de toutes les contrées que la civilisation et l'expansion humaines n'ont pas atteintes, les forêts, les montagnes boisées et les grottes où se cachent les animaux sauvages qui sont consacrés à la déesse. Elle s'oppose ainsi à une autre déesse de la nature, Déméter*, qui a en partage la nature cultivée, civilisée par l'homme. Artémis préside aussi à l'activité que l'on pratique dans cette nature non cultivée, la chasse, et c'est sous les traits et l'habit d'une chasseresse, vêtue d'une tunique courte pour lui permettre de courir, et armée d'un arc et d'un carquois aux flèches d'argent, qu'elle est le plus souvent représentée. La biche, vierge farouche de la forêt, rebelle au joug et à la main de l'homme, est l'animal qui lui ressemble le plus.

La déesse a été très tôt assimilée à une divinité grecque très ancienne du nom d'Hécate*, qui présidait au monde obscur de la magie, et dont les statues, à trois têtes, étaient souvent posées aux carrefours. La magie étant une activité entourée de secret, pratiquée la nuit et mettant en œuvre les forces de la nature la plus « sauvage », on comprend pourquoi Hécate a pris les traits d'Artémis.

Les aventures que l'on prête à la déesse illustrent son caractère farouche et un tantinet « sauvage » ; fort vindicative, elle avait pour rôle d'emporter les femmes dans une mort violente, mais sans douleur, quand celles-ci mouraient subitement, et le mythe grec est rempli d'épisodes de vengeance dont elle est à l'origine. L'un des plus célèbres est celui de Niobé, qu'Artémis et son frère punirent durement de s'être vantée d'être plus féconde que Létô, en tuant, respectivement, ses six filles et ses six fils. Mais le plus souvent, c'est son propre honneur qu'Artémis cherche à venger.

Orion* était un chasseur géant, fils d'Euryalé et de Poséidon* lui-même; il avait reçu de son père le don de marcher sur la mer. Or ce chasseur, doué d'une immense beauté, avait cherché à violer la déesse; celle-ci, après lui avoir échappé, envoya un scorpion qui piqua le géant au talon et, pour rendre plus étincelante encore sa vengeance, transforma en constellations non seulement Orion, mais aussi le Scorpion, qui poursuit éternellement le chasseur au firmament. Mais sa colère la plus fameuse – et sans doute aussi la plus cruelle – fut celle qu'elle éprouva contre Actéon*, qui l'avait surprise au bain (→ Actéon).

Enfin, le cycle troyen doit à Artémis son premier épisode sanglant. La déesse est en effet à l'origine du sacrifice d'Iphigénie* par son père Agamemnon*. Ce dernier avait eu le malheur de s'exclamer, après avoir tué un cerf, alors que la flotte des Achéens attendait à Aulis de partir pour Troie, qu'il avait mieux chassé qu'Artémis elle-même; piquée au vif, la déesse ordonna aux vents de cesser de souffler dans la région d'Aulis et contraignit la flotte à rester au port. Les soldats s'impatientaient; l'expédition elle-même était au bord du fiasco. On consulta le devin Calchas* qui déclara que la cause de ce calme surnaturel était la colère d'Artémis et qu'il fallait, pour l'apaiser, sacrifier à la déesse Iphigénie, la propre fille du roi. Agamemnon finit par se résoudre à obéir – au grand dam de son épouse Clytemnestre* et pour son propre malheur; mais la déesse, dit-on, horrifiée par le crime qui allait être commis, substitua à l'instant fatal une biche à la jeune fille, qu'elle envoya en Tauride (l'actuelle Crimée) pour assurer et propager son culte dans ce pays lointain (→ Agamemnon; Iphigénie).

Asclépios

Fils d'Apollon* et de Coronis, Asclépios est un héros passé maître dans l'art de la médecine. Il tient son savoir moins de son père que du centaure Chiron*, qui l'éleva. Il trouva même le moyen de ressusciter les morts, grâce au sang de Méduse que lui avait confié Athéna* ; et c'est parce que Zeus* craignait que cette découverte ne menaçât l'ordre du monde qu'il foudroya Asclépios ; Apollon, pour se venger, tua alors les Cyclopes (→ Apollon) et transforma son fils en constellation, le Serpentaire. Car le serpent, et plus précisément deux serpents enlaçant un bâton, le caducée, sont le symbole d'Asclépios, devenu très vite figure tutélaire des médecins. Très tôt son culte se développe à Épidaure, et la tradition lui attribue de nombreux enfants, dont Panacée, « celle qui soigne tout ».

Astyanax

Astyanax (« Seigneur de la ville ») n'est que le surnom donné par les Troyens au fils du grand Hector* et de la belle Andromaque*, en l'honneur de son père, le héros de la cité. Ses parents l'appellent Scamandrios, du nom du fleuve qui arrose Troie. Dans l'*Iliade* il n'est qu'un tout jeune enfant et apparaît à la scène d'adieu d'Hector à Andromaque.

Son sort à la fin de la guerre varie selon les sources ; d'après certains, il est précipité du haut des murs de Troie par les chefs achéens ; mais d'autres le font survivre et devenir un héros fondateur de nouvelles cités (→ Andromaque, Hector).

Athéna

Athéna, déesse olympienne*, est fille de Zeus* et de Métis*, la sagesse personnifiée. Elle symbolise originellement la foudre dans son éclat lumineux, ainsi que l'indique la légende de sa naissance : Zeus, une fois assis sur le trône, comprit qu'il ne pourrait garder le pouvoir sans la sagesse de Métis qui était sa femme ; or, un oracle avait prédit que le mari de Métis serait vaincu par l'enfant qu'il aurait d'elle. Il décida donc d'avaler la jeune mariée et assimila ainsi la sagesse de son épouse, ainsi que l'enfant qu'elle portait. Mais un jour, éprouvant de vives douleurs à la tête, il demanda à Héphaïstos* de venir le délivrer en lui donnant un coup de sa hache ; le divin forgeron s'exécuta, et dans un fracas épouvantable le front de Zeus s'ouvrit et laissa sortir une Athéna adulte et en armes de son cerveau. Cette légende fut très tôt interprétée dans un sens intellectuel : Athéna, déesse de l'intelligence, sort tout armée (c'est-à-dire intellectuellement formée) du cerveau de son père. Mais Athéna, comme les principaux dieux grecs, est avant tout la personnification d'une puissance élémentale, l'éclair ; elle sort en effet du « front » de Zeus, c'est-à-dire du ciel ; la lance qu'elle porte rappelle la puissance dévastatrice de la foudre et son casque brillant, la lumière aveuglante de l'éclair. Pour la même raison, on lui prête un regard étincelant. Cet éclat lumineux de l'éclair est secondairement le symbole de l'intelligence dans toutes ses manifestations brillantes et ingénieuses. De là vient qu'Athéna est célébrée comme la déesse de l'intelligence – qu'elle inspire généreusement aux hommes – et qu'elle préside à toutes les inventions technologiques. Enfin, elle garde de son origine céleste une puissance toute particulière qui fait d'elle la déesse de la guerre, mais d'une guerre qui se veut stratégique, réfléchie et défensive, plutôt que lutte sanguinaire et violente ; en cela, elle est l'antithèse d'Arès*.

Comme sa demi-sœur Artémis*, Athéna a fait vœu de rester vierge ; mais la ressemblance ne va pas plus loin : Athéna est une divinité « urbaine », comme en témoigne la tradition qui en fait la déesse protectrice de nombreuses cités, dont la plus célèbre, puisqu'elle porte son nom, est Athènes elle-même. La littérature et les arts figurés la représentent ainsi toujours en armes : ornée d'un casque d'airain, d'un bouclier rond où est peint le visage de la Gorgone Méduse, et tenant dans la main droite une lance étincelante, elle porte sur la poitrine l'égide, peau de chèvre tannée, utilisée comme pièce de cuirasse dès la plus haute antiquité ; c'est là un privilège qu'elle tient du grand Zeus, son père, et qui symbolise sa vocation de protectrice. La chouette, dont le regard brille dans la nuit, est l'animal qui lui est dédié.

Cette déesse porte-égide, comme l'appellent souvent les poètes, est donc tout naturellement la protectrice de nombreux héros ; ainsi Ulysse*, l'homme « aux mille ruses », lui doit, tout au long de son périple, un soutien indéfectible. C'est elle qui fournit à Persée* les objets qui lui permettent de vaincre Méduse et de rapporter sa tête : le glaive tranchant d'Arès, les sandales ailées d'Hermès* qui permettent de voler, le casque d'Hadès* qui rend invisible et, surtout, son propre bouclier (→ Persée). Dans la saga des Sept contre Thèbes, elle protège Tydée*, jusqu'à ce que sa sauvagerie barbare la dégoûte et la dissuade de lui conférer l'immortalité (→ Tydée). Bellérophon*, Jason* ou Héraclès* l'ont aussi pour déesse tutélaire. Enfin, elle protège le jeune Oreste*, le pousse à assouvir sa vengeance et obtient son acquittement lors de son jugement à Athènes (→ Oreste). Le mythe explicite ainsi une conviction grecque : la force et l'industrie humaines ne peuvent rien sans l'intelligence active qu'inspire, par l'intermédiaire de sa fille, le grand Zeus.

Cette guerrière farouche prit naturellement part à la bataille opposant les dieux aux Géants* (→ Géants) ; elle mit à mort Pallas* en l'écorchant (et de là viendrait le nom sous lequel elle est souvent appelée) et poursuivit Encelade jusqu'en Sicile. Elle eut alors l'idée de lui jeter dessus l'île de Sicile tout entière pour l'immobiliser à tout jamais.

Depuis le jugement de Pâris* (→ Pâris), Athéna est hostile aux Troyens, et lors de la guerre elle soutient surtout Ulysse, dont la ruse et l'inventivité lui sont particulièrement agréables. Elle intervient directement dans la bataille pour soutenir Diomède durant son combat contre Arès, qui était descendu sur le champ de bataille. La déesse guida la lance du soldat achéen qui alla frapper le ventre d'Arès et le fit s'enfuir, honteux et dépité. Toutefois, au cours du sac de la ville, la barbarie d'Ajax* fils d'Oïlée (→ Ajax 1) la fit changer de camp : celui-ci viola Cassandre* dans le temple de la déesse, devant sa propre statue, qui, horrifiée, détourna le regard. Elle n'accorda dès lors sa protection qu'à Ulysse et chercha à perdre les autres Achéens.

La déesse aux yeux pers assure également sa vocation protectrice auprès des cités; beaucoup d'entre elles lui vouent un culte, mais celle qui lui est le plus liée est sans aucun doute Athènes, qui lui doit son nom même. On raconte qu'après la fondation de la ville les Athéniens hésitaient sur le choix de la divinité tutélaire; Athéna et Poséidon* se disputaient cet honneur. Ce dernier fit surgir sur l'Acropole une source d'eau salée: il offrait aux Athéniens la maîtrise des mers. Ils choisirent pourtant Athéna et son singulier présent, un olivier. L'huile et la nourriture ne leur feraient jamais défaut, et son feuillage toujours vert serait pour le monde un symbole de paix. Avec Athéna, les Athéniens choisissaient la sagesse et la prospérité qu'assurent l'agriculture et l'industrie artisanale.

Figure tutélaire de l'intelligence sous toutes ses manifestations, Athéna était adorée, nous l'avons dit, comme la patronne des techniques et de l'industrie humaine. La légende d'Arachné l'illustre à merveille: Arachné («araignée») était une jeune Lydienne qui avait acquis une grande réputation dans l'art de tisser et de broder. Elle devint tellement célèbre qu'elle se mit, tant son orgueil enflait à mesure de l'admiration qu'on portait à son travail, à défier Athéna de faire si bien qu'elle. La déesse accepta de participer au concours afin de la punir de sa démesure, qui était, aux yeux des Grecs, la plus grave faute qu'un être pouvait commettre. Athéna, dit-on, stupéfaite de la perfection du travail de sa rivale, transforma Arachné en araignée, qui depuis passe sa vie à tisser.

Atlas

1. Fils de Japet et d'une fille d'Océan, Clyménè – c'est par conséquent un frère de Prométhée* et d'Épiméthée* –, Atlas appartient à la race des Titans, plus ancienne que celle des Olympiens*. Ce Géant*, créature de force brute, à la taille et aux muscles impressionnants, est un des représentants turbulents de l'état du monde désordonné et violent qui précéda l'avènement de Zeus* et de ses frères. Atlas prit d'ailleurs part à la guerre qui opposa les Géants aux Olympiens, la « Gigantomachie » (→ Géants, Zeus), et fut un farouche ennemi des dieux. C'est pourquoi, après leur victoire, il fut condamné par Zeus à porter pour l'éternité sur ses puissantes épaules la voûte céleste. C'est aux confins du monde occidental, dans le « jardin des Hespérides », situé près des Colonnes d'Hercule (l'actuel détroit de Gibraltar), qu'il porte, dit-on, ce pesant fardeau, et ainsi « exilé » à l'extrême occident, il n'intervient que fort peu dans d'autres cycles légendaires. Il joue toutefois un rôle important dans celui d'Héraclès*, lorsque le héros reçoit l'ordre d'Eurysthée d'aller chercher des pommes d'or dans le jardin des Hespérides : il tente ainsi en vain de tendre un piège au fils de Zeus (→ Héraclès). Il intervient également dans le cycle mythologique de Persée*. On rapporte, en effet, que ce dernier, revenant du pays des Gorgones où il avait tué Méduse, passa près du Géant, qui voulut l'écraser. Le héros sortit alors la tête de Méduse de sa besace : le regard du monstre pétrifia aussitôt le Géant, qui devint une chaîne montagneuse d'Afrique du Nord, qu'on appelle depuis lors l'Atlas (→ Persée).

2. Atlas est également le nom d'un fils de Poséidon*, qui vécut sur une île immense située dans l'océan Atlantique. Cet Atlas régna sur cette île prospère, à qui il a donné son nom, l'Atlantide, et sur son peuple farouche, les Atlantes.

Atrée

Fils de Pélops* et d'Hippodamie, Atrée et son frère Thyeste* sont le prototype des frères ennemis, au même titre qu'Étéocle* et Polynice* ; mais la haine que ces personnages se vouent franchit un degré supplémentaire dans l'horreur et la sauvagerie. Les crimes commis par Atrée sont à l'origine d'une malédiction qui pèse sur sa descendance, les Atrides*, représentés par

Agamemnon*, Ménélas* et leurs propres enfants (→ Agamemnon, Ménélas).

Chassés par Pélops pour le meurtre de leur demi-frère Chrysippos, Atrée et son frère trouvent refuge à Mycènes chez le père d'Eurysthée ; à la mort du roi, les habitants de Mycènes demandent, pour se conformer à un oracle, qu'un descendant de Pélops monte sur le trône. La rivalité d'Atrée et Thyeste naît de là. Atrée prend le pouvoir grâce à Zeus* qui oblige le Soleil à se coucher à l'est, prouvant ainsi qu'il soutient Atrée. Devenu roi, celui-ci exile immédiatement son frère.

Mais comme il avait appris que sa femme, Aéropé, l'avait trompé avec Thyeste, il conçut une abominable vengeance. Il invita son frère à un banquet de réconciliation, au cours duquel il lui donna à manger ses propres enfants découpés en morceaux. Après le repas, il lui révéla la composition du menu et, ivre de joie, le chassa à nouveau. Thyeste alors viola sa propre fille, Pélopia, pour lui donner un fils, Égisthe*, qui lui permit de se venger (→ Égisthe).

Atrides

On désigne par ce nom (« les fils d'Atrée* ») Agamemnon*, Ménélas* et leur propre descendance. Cette famille est en proie à une terrible malédiction depuis le crime commis par Atrée contre son frère (→ Atrée, Thyeste) ; elle n'en fut libérée qu'après la vengeance d'Oreste* et son acquittement au tribunal de l'Aréopage (→ Oreste).

B

Bellérophon

Ce héros corinthien était, selon la légende, fils de Poséidon*. Mais c'est Glaucos, fils de Sisyphe*, le mari de sa mère, qui l'a élevé. Bellérophon s'était réfugié chez le roi Proétos à la suite d'un homicide, mais celui-ci, croyant qu'il cherchait à séduire sa femme, l'envoya chez le roi de Lycie, Iobatès, avec ordre de le mettre à mort. Le roi le pria alors de débarrasser son pays de la Chimère – monstre mi-chèvre, mi-lion qui crachait du feu et dont la queue était un serpent –, certain qu'il ne survivrait pas. Mais les dieux veillaient. Poséidon, dieu des chevaux, selon les uns, ou Athéna*, selon les autres, en lui offrant un mors magique, lui permirent de dompter Pégase, le cheval ailé (→ Persée). Grâce à cette monture surnaturelle, Bellérophon vint à bout sans peine de la Chimère. Iobatès, étonné d'un tel exploit, lui confia d'autres missions dangereuses, dont le héros revenait toujours vainqueur; il finit alors par reconnaître en lui le fils d'un dieu, et en fit son héritier.

Toutefois l'histoire de Bellérophon se termine mal; grisé par ses hauts faits, le héros entreprit un jour de monter au sommet de l'Olympe pour voir où habitaient les dieux. Monté sur Pégase, il était déjà bien haut, quand Zeus* fut contraint de punir sa démesure: il envoya un taon qui piqua le cheval ailé; son écart désarçonna Bellérophon, qui s'écrasa au pied du mont sacré.

C

Cadmos

Cadmos est le fils d'Agénor, roi de Tyr, et de Téléphassa. Son père l'envoya lui, ainsi que ses frères, à la recherche d'Europe (qui avait été enlevée par Zeus*, transformé en taureau ; → Zeus). Arrivé en Grèce, Cadmos apprend par l'oracle de Delphes qu'il doit fonder une ville, là où s'arrêterait une vache. En Phocide, il se mit à suivre une vache, dont les flancs étaient tachés de blanc, jusqu'en Béotie, où elle s'arrêta, épuisée de fatigue ; c'est là que le héros décida de fonder Thèbes. Il trouva non loin une source qui était gardée par un terrible dragon engendré par Arès* ; Cadmos le tua et, sur les conseils d'Athéna* qui lui était apparue en rêve, il prit les dents du monstre et les mit en terre ; aussitôt surgirent des soldats tout armés, appelés *Spartoi* (« les semés »).

Cadmos, cependant, dut servir pendant huit ans Arès, qu'il avait offensé en tuant son descendant ; mais après sa pénitence, il devint roi de Sparte et put épouser Harmonie, la fille d'Arès. Leurs noces furent fastueuses, et tous les dieux y participèrent. Le couple eut quatre filles, Autonoé, Ino, Agavé et Sémélé, la mère de Dionysos*.

Héros fondateur de Thèbes, Cadmos est donc à l'origine du cycle légendaire thébain et passe surtout pour un roi sage.

Calchas

Calchas est le plus fameux devin du monde grec ; originaire de Mycènes, il reçut son don d'Apollon* et fut associé à l'expédition contre Troie en qualité de « devin officiel » (→ Achille, Agamemnon, Artémis, Iphigénie).

Cassandre

Fille de Priam* et d'Hécube*, Cassandre est la sœur jumelle d'Hélénos et la sœur cadette d'Hector*. Elle a reçu le don de prophétie d'Apollon* lui-même : le dieu tomba amoureux de la jeune fille et lui promit le don de divination en échange de son amour ; mais Cassandre refusa de se donner à lui et Apollon, pour la punir de ce refus, la condamna à prophétiser sans jamais être crue. Ainsi Cassandre passa-t-elle son temps à prêcher dans le désert : en vain elle annonça, lorsque Pâris* emmena à Troie Hélène*, que cet enlèvement causerait la ruine de la ville ; elle s'opposa sans effet à ce que l'on fît entrer le grand cheval de bois, rempli de soldats, laissé sur la plage par les Achéens.

Lors de la prise de Troie, Ajax*, fils d'Oïlée, fit tomber sur les Achéens la colère d'Athéna* en violant Cassandre devant sa propre statue, qui détourna les yeux de la scène (→ Ajax 1, Athéna).

Cassandre, condamnée à dire la vérité sans pouvoir persuader, est une figure tragique par excellence, qui annonce un malheur dès lors inéluctable. Elle fut associée, après la guerre, au destin d'Agamemnon*, dont elle devint la prisonnière. À cause de l'amour que le roi lui portait, elle fut assassinée avec lui par la fureur de Clytemnestre* (→ Agamemnon, Clytemnestre).

Castor → Dioscures.

Chaos

À l'origine n'était que Chaos (« Vide »), sorte de néant et désordre primordiaux. Mais de ce vide originel naquirent l'ordre et la vie : Chaos engendra en effet de lui-même, entre autres rejetons, Érèbe* (« Ténèbres infernales »), Nyx* (« Nuit »), Éros* (« Désir ») et Gaia* (« Terre »).

Charon

Charon est un démon infernal, dont le rôle est de faire passer les morts de l'autre côté du Styx, le fleuve des Enfers. Il est représenté comme un passeur, sur sa barque, avec une longue gaffe en main.

Chiron

Fils de Cronos*, qui avait pris la forme d'un cheval, et d'une fille d'Océan, Chiron a l'apparence d'un centaure, mais n'appartient pas, au sens strict, au groupe des centaures, qui sont nés d'Ixion. Doué de l'immortalité, il avait acquis une grande sagesse et avait été l'ami de Pélée, le père d'Achille* ; il fut le précepteur de nombreux héros, comme Achille, Jason* ou Asclépios*. Il fut un jour blessé par une flèche d'Héraclès*, dont le poison était incurable. Retiré dans sa grotte, il ne put trouver le repos qu'en recevant le don de mortalité de la part de Prométhée*.

Circé

Cette fille d'Hélios* est la sœur d'Æétès, roi de Colchide, et la tante de Médée*. Comme sa nièce, Circé est une puissante magicienne, qui joue un grand rôle lors du périple d'Ulysse* sur les côtes de l'Italie (→ Ulysse).

Clytemnestre

Fille de Tyndare et de Léda*, elle est née du même œuf que Castor*, tandis qu'Hélène* et Pollux* sont fils de Zeus* transformé en cygne (→ Léda). Clytemnestre eut pour premier mari Tantale*, fils de Thyeste*. Mais celui-ci fut tué par Agamemnon* qui la prit de force pour épouse.

L'outrage trouva son comble, aux yeux de Clytemnestre, avec le sacrifice d'Iphigénie* à Aulis (→ Agamemnon, Iphigénie). Rentrée à Argos, elle n'eut de cesse d'ourdir sa vengeance ; avec son amant Égisthe* elle assassina son mari dès son retour de Troie. Oreste* et Électre* vengèrent la mémoire de leur père sept ans après, en tuant Clytemnestre et son amant, mettant fin à la malédiction qui pesait sur les Atrides* (→ Atrée).

Cronos

Fils d'Ouranos* et de Gaia*, Cronos est le plus jeune des Titans ; il appartient à la génération des dieux ayant régné sur terre avant l'avènement des Olympiens* qui sont issus de lui ; la tradition lui attribue aussi comme fils Chiron*.

Cronos prit le pouvoir en tuant son père, à la demande de sa mère ; il émascula Ouranos et, une fois sur le trône, fit emprisonner ses frères, les Hécatonchires (des géants dotés de cent bras) et les Cyclopes ; marié à l'une de ses sœurs, Rhéa*, il gouvernait le monde. Comme Gaia lui avait prédit qu'il serait détrôné par l'un de ses fils, il dévorait systématiquement ses enfants, Hestia*, Déméter*, Héra*, Hadès* et Poséidon*. Mais quand Rhéa mit au monde Zeus*, elle le cacha et donna une pierre emmaillotée à la voracité de son mari, qui ne s'aperçut de rien. Une fois adulte, Zeus vint libérer ses frères et sœurs et, tous ensemble, ils combattirent Cronos et les Titans. La victoire revint aux Olympiens, une fois que Zeus eut délivré les Hécatonchires et les Cyclopes ; Cronos et les Titans, vaincus, furent enchaînés à leur place (→ Zeus).

D

Danaé

Fille d'Acrisios, roi d'Argos, et d'Eurydicé, Danaé est la mère de Persée* ; alors qu'elle était enfermée dans une tour de bronze, réputée imprenable, par son père, qui avait appris d'un oracle que son petit-fils le tuerait, Zeus*, qui l'aimait, se changea en pluie d'or et s'infiltra à l'insu d'Acrisios dans la prison de la belle. À la naissance de Persée, le roi, de peur que l'oracle ne se réalise, exposa mère et fils sur un radeau (→ Persée).

Dardanos

Dardanos est connu pour être le fondateur de la ville de Troie. Pourtant, rien ne destinait ce fils de Zeus* et d'une fille d'Atlas* à fonder un royaume en Asie Mineure, puisqu'il est originaire de Samothrace. Mais il fut contraint de quitter sa patrie à cause d'un déluge, et arriva en Asie, où il rencontra le roi de Troade, Teucer. Ce dernier lui donna une partie de son royaume, et Dardanos fonda ainsi la ville de Troie ainsi que la dynastie qui y régna jusqu'à sa prise par les Achéens (→ Hector, Laomédon, Priam). On dit également qu'il ramena dans la ville une statue en bois de Pallas* originaire d'Arcadie, mais conservée depuis dans le temple d'Athéna* à Troie. Cette statue, le Palladion ou Xoanon (« statue en bois »), était l'un des objets les plus sacrés des Troyens (→ Ajax 2, Cassandre).

Dédale

Archétype de l'artiste/artisan, capable de créer tout ce que son cerveau conçoit, Dédale passait pour être le père de toute une série d'inventions.

Exilé à la cour du roi Minos*, il se met au service de la famille royale : il invente pour Pasiphaé, la femme de Minos, que Poséidon* avait rendue folle d'amour pour un taureau (→ Minos, Poséidon), un déguisement de vache, qui lui permet de s'accoupler à la bête ; il construit pour Minos le fameux labyrinthe où est enfermé le Minotaure ; il suggère à Ariane* de donner à Thésée*, pour l'aider à se guider dans le « dédale » qu'est le labyrinthe, une pelote de fil.

Quand Minos eut découvert la trahison de son architecte, il l'enferma, avec son fils Icare*, dans le labyrinthe ; Dédale eut l'idée de coller sur son dos et sur celui de son fils une paire d'ailes (→ Icare) et gagna ainsi la Sicile, où il se cacha à la cour du roi Cocalos. Minos le retrouva mais fut tué avant de pouvoir se venger.

Déméter

Fille de Cronos* et de Gaia*, Déméter est une Olympienne* de la première génération. Elle forme un couple symbolique et mystique avec Korè (« la jeune fille »), la fille qu'elle a eue de Zeus*, son frère, au point qu'elles sont souvent adorées ensemble.

Cette déesse-mère, à distinguer de Gaia, la terre « cosmogonique » des origines, incarne la terre cultivée ; on la représente souvent par un épi de blé, qui est le produit par excellence de l'agriculture, cet art bienfaisant qu'elle a enseigné aux hommes. Le pavot et, plus généralement, les fruits et les légumes lui sont consacrés.

Le mythe de l'enlèvement de Korè est à comprendre de manière symbolique. Korè, dit-on, cueillait des fleurs sur la plaine d'Enna, en Sicile. Son oncle Hadès*, tombé amoureux d'elle, décida de l'enlever. Il fit s'ouvrir la terre sous les pieds de la jeune fille et l'emporta sur son char dans les méandres de son royaume souterrain. Là, il l'épousa, et la jeune fille, qui prit désormais le nom de Perséphone*, régna avec lui sur les Enfers. Déméter, qui n'avait entendu qu'un cri, se mit à chercher, folle de douleur, sa fille pendant neuf jours et neuf nuits, sans prendre ni repos ni nourriture. Quand elle eut appris que son propre frère avait commis cet acte, elle décida de quitter ses fonctions. Affranchis de son autorité, les plantes cessèrent de croître, les arbres perdirent leurs feuilles, bref, le monde était menacé de désertification et les hommes de famine. Zeus, pour le salut de tous, dut intervenir et ordonna à son frère de rendre Korè à sa mère. Mais la malheureuse jeune fille avait mangé, dans son exil souterrain, un pépin de grenade. Or une loi inflexible voulait que quiconque avait mangé quoi que ce fût dans le royaume des morts ne pût jamais en ressortir. Déméter, au comble du désespoir, menaçait d'abandonner à tout jamais le monde. Zeus trouva un compromis : durant six mois Perséphone resterait auprès de son mari dans le monde d'en bas, mais durant les six autres mois, elle serait rendue à sa mère.

Ce mythe explique ainsi pourquoi pendant six mois (automne-hiver), le monde végétal est dépouillé ; toutes les plantes se désolent avec Déméter de l'exil de Korè-Perséphone ; les feuilles tombent comme les larmes de la déesse. En revanche, dès que la jeune fille retourne auprès de sa mère, au début du printemps, et jusqu'à la fin de l'été, la végétation renaît et les moissons sont abondantes. Au-delà de cette explication superficielle, le mythe insiste de manière pertinente sur le lien symbolique qui unit intimement le monde végétal au monde souterrain ; pour les Grecs, tout ce qui sur terre pousse et fleurit ne peut exister qu'avec l'accord du maître du royaume souterrain. Korè-Perséphone symbolise avec force ce lien entre la surface de la terre, cultivée, et son riche sous-sol qui nourrit les cultures.

Le culte à mystères de Déméter était répandu dans tout le monde grec, mais le sanctuaire d'Éleusis, en Attique, était son lieu de culte le plus célèbre.

Deucalion

Deucalion et sa femme Pyrrha* sont les héros d'une version grecque du mythe universel du déluge. On raconte en effet que Zeus*, déçu et irrité par le comportement des hommes de cette époque, en particulier par les crimes commis par le Thessalien Lycaon, décida d'anéantir cette humanité pervertie pour faire naître une race d'hommes meilleurs. Seul un couple trouva grâce à ses yeux et fut épargné, Deucalion, fils de Prométhée*, et son épouse Pyrrha, fameux pour leur justice. Prométhée, qui avait été informé des desseins de Zeus, suggéra à son fils de construire une arche – un grand coffre –, dans laquelle sa femme et lui s'installèrent, quand Zeus fit recouvrir la terre par les flots. Ils flottèrent ainsi pendant neuf jours et neuf nuits, jusqu'à ce que les eaux du déluge refluent, et abordèrent sur le mont Parnasse en Thessalie. Débarqués sur une terre désormais déserte, Deucalion et Pyrrha se lamentaient de leur solitude nouvelle, et tandis qu'ils offraient un sacrifice dans un sanctuaire de Thémis*, Hermès*, le messager des dieux, leur apparut et leur conseilla de « jeter par-dessus leur épaule les os de leur mère ». D'abord horrifiés par cette injonction, Deucalion et sa femme comprirent que le dieu leur demandait en fait de jeter des « pierres », qui sont comme les os de Gaia*, la mère de toute chose (→ Gaia), et s'exécutèrent aussitôt : des cailloux jetés par Deucalion naquirent des hommes, tandis que de ceux de Pyrrha surgissaient des femmes. Et eux-mêmes eurent une foule d'enfants, qui permirent de repeupler la terre.

Dionysos

L'histoire de Dionysos est celle d'un dieu qui peine à prouver sa légitimité ; fruit des amours de Zeus* pour une mortelle, Sémélé, la fille du roi de Thèbes, Cadmos*, Dionysos aurait dû n'être qu'un « demi-dieu ». Les circonstances de sa naissance, néanmoins, expliquent son statut divin : Sémélé, exaltée par l'idée d'avoir eu le grand Zeus pour amant, s'en vanta immédiatement, avec une jubilation compréhensible, à ses sœurs ; celles-ci, mi-jalousie, mi-incrédulité, lui dirent que son amant l'avait abusée en se faisant passer pour le dieu. Sémélé – il en allait de son honneur – supplia alors Zeus de faire la démonstration de sa divinité; il consentit de mauvais gré, et se présenta à elle sur son char étincelant de foudre. Sémélé mourut sur le coup. Le dieu recueillit alors le fœtus qu'elle portait en elle et le plaça dans sa cuisse. Les qualités nutritives du sang de Zeus – l'ichor – firent tant que l'embryon atteignit vite sa maturité et, surtout, que le jeune enfant était désormais immortel.

Ce dieu vient probablement d'Orient, comme le suggèrent sa parenté avec le Phénicien Cadmos et divers éléments de son culte. Dieu de la vigne et du lierre – les plantes qui enivrent et confèrent ainsi une folie passagère (car Dionysos est aussi le dieu de la folie) –, il est également honoré comme dieu du théâtre. Sa nature est ambivalente: dieu bienveillant de la végétation luxuriante, il se montre implacable dans sa vengeance et cruel envers ses détracteurs. On le représente couronné de vigne et de lierre; il tient en main le thyrse, bâton entouré de vigne, et conduit un cortège composé de bacchantes – « celles qui crient "Bacchos" » (l'épithète du dieu qui, latinisée, est devenue son nom habituel à Rome) –, de ménades et de satyres, divinités mineures des bois. Aux périodes archaïque et classique, Dionysos est vêtu d'une longue robe brodée et il porte une barbe fournie. Mais à partir du milieu du ve siècle et à l'époque hellénistique, il prend la figure d'un jeune homme imberbe aux longs cheveux bouclés. La panthère, animal à la fois oriental – le dieu passe pour avoir vécu en Inde – et sauvage, lui est consacrée.

Son histoire est en fait une longue quête pour prouver sa légitimité. Exilé dès sa naissance en Orient par Zeus, qui craignait la jalousie d'Héra*, son voyage de retour vers la Grèce est ponctué de vengeances envers ceux qui refusent de reconnaître en lui un dieu. C'est à Thèbes, sa propre patrie, que Dionysos subit le plus cuisant échec: son cousin Penthée interdisait à son peuple de se livrer aux bacchanales (fêtes en l'honneur de Dionysos, où les participants, essentiellement des femmes, étaient en proie à un délire mystique). Dionysos se vengea de sa manière favorite: il rendit folles Agavé, la mère du roi, et ses sœurs, si bien qu'elles crurent voir en Penthée

– qui était parti à leur recherche sur les pentes boisées du Cithéron – un fauve, qu'elles poursuivirent et qu'elles écartelèrent à mains nues.

Plus tard, voulant traverser la mer Égée, Dionysos demanda à un équipage de l'emmener avec lui. Il s'agissait de pirates étrusques, qui s'imaginaient, à la vue des beaux vêtements du jeune homme, pouvoir réclamer une rançon exorbitante. Dionysos ne s'aperçut qu'en pleine mer de leurs intentions; mais au moment où les pirates s'approchaient de lui pour l'attacher, une vigne géante poussa sur le bateau, et prit dans ses vrilles voiles, coque et rames; quant aux pirates, Dionysos les changea en dauphins. Le navire aborda dans l'île de Naxos, où Dionysos rencontra Ariane*, qui y avait été abandonnée par Thésée* (→ Ariane).

Il put enfin gagner l'Olympe, où il fut reconnu par tous les dieux. Il participa même à la gigantomachie, la guerre des dieux contre les Géants*, au cours de laquelle il tua Eurytos de son thyrse. Cet épisode confirme sa violence innée et sa sauvagerie sanglante; on dit que, alors qu'il était enfant, il avait su apprivoiser des panthères. Cette accointance avec la sauvagerie (symboliquement représentée par le séjour prolongé du dieu en terre « barbare ») prend forme dans son culte, où les fidèles absorbent de la viande crue.

Dioscures

On désigne sous ce nom (« les fils de Zeus* ») Castor* et Polydeucès (plus connu sous le nom latin de Pollux*). En réalité, seul Pollux est le fils de Zeus : le dieu souverain était en effet amoureux de Léda*, la femme de Tyndare. Comme elle n'aurait jamais trompé son mari, Zeus prit la forme d'un cygne si beau que Léda le caressa sans crainte. Quelques mois plus tard, elle pondait deux œufs, contenant, l'un, Castor et Clytemnestre*, l'autre, Pollux et Hélène*. Ces derniers sont les enfants de Zeus, les autres ceux de Tyndare.

Les deux frères étaient toujours ensemble et s'aimaient d'un tel amour fraternel que rien, même la mort, n'a pu les séparer. En effet, quand ils enlevèrent les filles de

Leucippe, qui étaient promises à leurs cousins Idas et Lyncée, un combat entre prétendants et ravisseurs eut lieu, où Castor et Lyncée trouvèrent la mort. Zeus, pour venger Pollux, blessé dans la lutte, foudroya Idas et voulut donner l'immortalité à son fils ; mais celui-ci demanda que cette immortalité fût partagée avec son frère défunt, et elle leur fut accordée alternativement, un jour sur deux ; ils trouvèrent, ensemble, place au ciel comme constellation des Gémeaux.

E

Égée

Égée est le roi d'Athènes et le père de Thésée*, qu'il avait conçu en s'unissant à Æthra dans la ville de Trézène (sur les circonstances de cette naissance → Thésée). Il doit sa mort à la négligence du héros : alors qu'il guettait son retour de Crète, Égée aperçut le navire de son fils voilé de noir, signe convenu en cas de défaite. Le roi, croyant que son fils était mort, courut aussitôt se jeter dans la mer qui, depuis, porte son nom.

Égisthe

Fils de Thyeste* et neveu d'Atrée*, Égisthe est au cœur de la haine des deux frères ; il est, de plus, maudit par sa naissance : sa mère, Pélopia, n'est autre que la fille de Thyeste ! Celle-ci, qui ignorait qui était le père de son enfant, se maria ensuite à Atrée, qui demanda à Égisthe de lui amener Thyeste, pour en finir avec lui. Mais Thyeste reconnut son fils, et persuada Égisthe de tuer Atrée à sa place. Il s'exécuta et Thyeste put régner à la place de son frère.

Lors de la guerre de Troie, Égisthe devint l'amant de Clytemnestre*, qui prépara avec lui sa vengeance contre Agamemnon* (→ Clytemnestre). Oreste* et Électre* les tuèrent pour venger le meurtre de leur père (→ Oreste).

Électre

Fille d'Agamemnon* et de Clytemnestre*, Électre est la plus courageuse et la plus déterminée des filles du roi ; contrairement à Chrysothémis, elle joue un rôle de premier plan dans la vengeance d'Oreste*.

Après l'assassinat d'Agamemnon commis par Clytemnestre et Égisthe*, Électre mène une vie d'esclave ; c'est qu'Égisthe lui en veut d'avoir aidé le petit Oreste à s'enfuir ; surtout, il craint qu'elle ne fasse naître un héritier mâle à Agamemnon, capable un jour de le venger. C'est pourquoi il la marie à un vieillard.

Quand, sept ans plus tard, Oreste, qu'elle avait quitté tout enfant, revient sur la tombe de leur père, elle le reconnaît et prépare avec son frère tant attendu leur vengeance ; ils assassinent ensemble Clytemnestre et Égisthe ; elle se marie à Pylade, leur cousin et le grand ami d'Oreste (→ Oreste).

Énée

Énée jouit d'une double ascendance divine : par sa mère, qui n'est autre qu'Aphrodite*, et par son père, Anchise, qui descend du fils de Zeus*, Dardanos*. Le plus valeureux des Troyens après Hector*, Énée était protégé des dieux ; Apollon*, le premier allié des Troyens, mais aussi Poséidon*, Zeus et surtout Aphrodite, lui vinrent en aide à plusieurs reprises durant le conflit. Ils savaient, en effet, qu'Énée serait amené à régner sur les Troyens. Mariée à une fille de Priam*, Créüse, Énée avait un fils, Ascagne. Le récit du départ d'Énée de Troie, portant sur ses épaules son père et emportant avec lui les dieux protecteurs de Troie, est le point de départ de l'*Énéide* de Virgile, qui raconte comment, après un long périple, le prince troyen débarqua en Italie, à l'embouchure du Tibre, près de l'endroit où s'élèverait, quelques générations après, la ville de Rome.

Épiméthée

Ce Titan, fils de Japet et d'une fille d'Océan, Clyménè, est un frère d'Atlas* et, surtout, de Prométhée*, dont il est inséparable et dont il est l'exact contraire: leurs noms mêmes – Prométhée: «celui qui réfléchit avant [d'agir]», Épiméthée: «celui qui réfléchit après» – marquent d'ailleurs ce lien inextricable et cette opposition (→ Prométhée). Ce personnage, caractérisé par son manque de réflexion et une naïveté confinant à la bêtise, fut ainsi l'instrument de la vengeance des dieux contre Prométhée, qui leur avait dérobé le feu pour secourir une humanité dont ils avaient juré la perte: ils offrirent ainsi au naïf Épiméthée une épouse, Pandore*, qui se révéla être une calamité pour l'humanité (→ Pandore). Le philosophe Platon fait d'Épiméthée, dans son *Protagoras*, le personnage choisi par les dieux pour distribuer aux créatures de la terre des qualités et des défauts de manière équilibrée, afin qu'aucune d'elles ne soit trop favorisée ou au contraire trop inférieure aux autres. Mais l'étourdi Titan distribua sans compter les qualités aux animaux, et n'eut plus rien à donner à l'homme, quand son tour fut venu. C'est cet injuste oubli qui poussa Prométhée à intervenir pour le salut de l'humanité, et à dérober le feu aux dieux (→ Prométhée). Ainsi, ce mythe d'Épiméthée permet à Platon de souligner que l'homme, par son intelligence et sa technique, peut compenser son infériorité naturelle.

Érèbe

Érèbe («Ténèbres infernale» en grec) est l'une des créatures primordiales, fils de Chaos* et frère de Nyx*. Il personnifie l'obscurité qui règne dans les entrailles de la terre (→ Nyx).

Érinyes

Nées avant les Olympiens* de la terre fécondée par le sang d'Ouranos* émasculé, les Érinyes sont chargées de punir les crimes sacrilèges. Gardiennes de l'ordre établi et implacables vengeresses, elles poursuivent plus particulièrement ceux qui ont tué un membre de leur famille (comme Œdipe* ou les Atrides*). Ces trois sœurs, Alectô, Tisiphoné et Mégère, ont des ailes et une chevelure hérissée de serpents ; dans leurs mains elles tiennent des torches et des fouets ; leur jugement est impérieux et les dieux eux-mêmes ne peuvent s'y opposer (→ Oreste). Par leur fureur qui ôte toute paix au coupable, ces divinités symbolisent la conscience.

Éros

Dieu de l'amour et du désir, Éros était considéré à l'origine comme une sorte de principe universel régissant toutes les créatures. Puis peu à peu ont été élaborées diverses légendes qui lui ont donné une forme humaine et une généalogie. En général, on en fait naturellement le fils d'Aphrodite* et d'Arès* (→ Aphrodite). L'iconographie et l'imagination hellénistiques le représentent sous les traits d'un enfant ailé et armé de flèches.

Étéocle

Fils d'Œdipe* et de Jocaste, Étéocle forme avec son frère Polynice* un couple de frères ennemis. Portant la malédiction de l'inceste, les deux frères ne pouvaient que connaître un terrible destin, surtout après qu'Œdipe, chassé de Thèbes, les eut une seconde fois maudits.

Pourtant, les deux frères avaient décidé, pour éviter toute discorde, de régner alternativement un an chacun. Étéocle eut le premier mandat. Mais, lorsque son frère vint, un an après, pour occuper le trône, il le chassa sans ménagement. Polynice rassembla six autres chefs et organisa l'expédition des Sept contre Thèbes (→ Polynice). Lors d'un duel, les deux frères s'entre-tuèrent, et Étéocle, contrairement à son frère, reçut des funérailles publiques (→ Antigone).

G

Gaia

D'après Hésiode, le Chaos* originel avait donné naissance à cinq créatures : le Tartare (le monde souterrain), Nyx* (la Nuit), l'Érèbe* (les Ténèbres infernales), Éros* et Gaia* (personnification de la Terre). Il s'agit donc d'une des divinités les plus anciennes (→ Chaos). Elle enfanta Ouranos* (le Ciel), avec qui elle s'unit (puisque le ciel recouvre la terre, comme un amant sa bien-aimée) pour engendrer les Titans, en particulier Cronos* et Rhéa*, les parents des premiers Olympiens*. Déesse-mère par excellence, la Terre a donné naissance à de nombreuses créatures ; et comme elle est dépositaire de nombreux secrets cachés en elle, on lui attribue aussi beaucoup d'oracles et de prophéties. Ainsi le sanctuaire de Delphes, avant de passer à Apollon*, lui était-il dédié (→ Apollon).

Par son ancienneté, Gaia veille également à l'ordre du monde et à l'équilibre entre les divinités. Fatiguée de la tyrannie d'Ouranos, elle fournit à Cronos la faucille qui lui permit de castrer son père ; pareillement, elle désapprouva le comportement de Zeus* lors de son avènement, et elle incita les Géants* à se révolter contre les Olympiens (→ Géants).

Géants

Créatures nées de Gaia* (ce qui explique leur autre nom, *Gêgeneís*, « nés de la Terre »), les Géants jouent un rôle important au début du règne de Zeus*.

Quand Zeus eut vaincu et emprisonné les Titans dans le Tartare, Gaia, folle d'indignation, souleva les Géants contre les Olympiens* ; ce fut le début d'une terrible guerre, la gigantomachie (littéralement : « la bataille des Géants »). Zeus savait qu'il ne pourrait vaincre ces immortels sans l'aide d'un homme ; il s'unit donc à une mortelle pour engendrer un héros d'une puissance inégalée, Héraclès*, dont les flèches pouvaient les détruire. De plus, Zeus défendit au Soleil, à la Lune et à l'Aurore de se lever, tant qu'il n'aurait pas vaincu les Géants. C'est que Gaia produisait une herbe capable de rendre les Géants invulnérables aux coups des mortels. Ainsi privée de lumière, la déesse fut incapable d'aider ses protégés. Zeus, secondé par Héraclès, par d'autres Olympiens (Apollon*, Athéna*, Dionysos*, Hécate*, Héphaïstos*, Hermès* et Poséidon*) et par les Moires (déesses du destin), parvint à les neutraliser tous.

H

Hadès

Fils de Cronos* et de Rhéa*, ce frère aîné de Zeus* reçut, lors du partage de la terre entre Zeus et ses frères (→ Zeus), le monde souterrain ; seigneur du Tartare et de tout ce qu'il contient, Hadès (« l'Invisible ») règne sur les morts ; il possède un casque, offert par les Cyclopes, qui lui permet de se rendre invisible. Son territoire, qui renferme toutes les richesses du monde, lui a valu le surnom de Pluton, « le Riche ».

Il se donna pour reine Perséphone*, la fille de Déméter*, qu'il enleva un jour, alors qu'elle cueillait des fleurs en Sicile (→ Déméter), et lui fit manger un pépin de grenade pour l'empêcher de remonter à la surface de la terre (l'absorption de la moindre nourriture, en effet, interdisait de quitter les Enfers). Perséphone, dès lors, trône à côté de son mari six mois par an. Hadès, quant à lui, ne quitte presque jamais son palais souterrain. Il règne avec sévérité sur les morts et interdit à quiconque pénètre dans son royaume d'en ressortir. Seuls Héraclès*, Thésée*, Énée* et Orphée* ont pu échapper à cette terrible loi.

Pour l'assister dans sa tâche, trois juges, Éaque, Minos* et Rhadamanthe, ont pour rôle de juger les âmes et de les envoyer soit dans les champs Élysées, si elles ont fait le bien, soit dans le Tartare, où elles subissent un châtiment éternel ; une foule de démons – sorte de divinités inférieures –, également, aide le dieu (→ Charon).

Hécate → Artémis.

Hector

Fils aîné de Priam* et d'Hécube*, Hector est le défenseur le plus vaillant de la Troie assiégée, celui qu'adule et vénère le peuple de Troie, celui qu'écoutent toujours Priam et les princes d'Asie, et celui que craignent les chefs achéens. Marié à Andromaque*, il est le père modèle du petit Astyanax*, qu'effraie le cimier de son casque ; il a de nombreux frères et sœurs, comme Pâris* ou Cassandre*, mais il voue une tendresse particulière à Troïlos, son plus jeune frère ; l'épopée homérique nous le présente comme un homme plein d'humanité, et il est, en définitive, le vrai héros de l'*Iliade*.

Rempart de la ville contre la fureur achéenne, il remporte, lors de la dixième année du siège (celle que raconte l'*Iliade*), de brillantes victoires. Il défait les rangs ennemis, désemparés depuis qu'Achille* a déserté le champ de bataille. Il rencontre Ajax* le grand ; le duel dure jusqu'à la nuit, et les ennemis se quittent en s'échangeant des présents : Ajax donne son baudrier d'or, et Hector son épée (qu'utilisera le fils de Télamon pour se suicider → Ajax 2).

Durant l'assaut des Troyens contre les navires achéens, Hector joue, une fois de plus, le premier rôle ; protégé par Apollon* et par Zeus* en personne, il manque de tuer Nestor* et Diomède ; l'urgence de la situation pousse Patrocle* à regagner le combat et, revêtu des armes de son ami Achille, il sort de sa tente. Hector le tue et récupère l'armure d'Achille (→ Achille).

La mort de Patrocle provoque le retour d'Achille ; Homère en fait le vainqueur d'Hector, qu'il tue au bout d'un long combat. En mourant, le fils de Priam prédit à Achille sa mort prochaine et le prie de restituer son corps à son père. L'arrogant Achéen non seulement repousse la requête du mourant, mais attache son cadavre à son char, et fait trois fois le tour de Troie. Priam va dans la tente d'Achille lui demander le corps de son fils bien-aimé contre paiement d'une rançon et, soutenu par les dieux, il réussit à le persuader (→ Achille, Priam).

Hector, malgré ou plutôt à cause de son destin, apparaît comme le véritable héros de l'*Iliade*, celui tout au moins auquel va la sympathie du lecteur : les chefs achéens en effet pèchent tous par un défaut de taille – Agamemnon* par son orgueil, Ulysse* par son manque de scrupules, Achille par son irascibilité...), alors que la famille royale de Troie, et tout particulièrement Hector, seul personnage qu'Homère représente dans des scènes de la vie quotidienne et familiale, sont tous caractérisés par leur profonde humanité. Et cette grandeur d'âme, qui fait de lui un homme capable de se sacrifier pour sa ville, lui assure, en définitive, une « immortalité » qu'Achille n'a pu obtenir.

Hécube

Hécube est la seconde femme de Priam*, sa préférée, et règne sur Troie au moment du siège qu'en font les Achéens. Elle reste toutefois célèbre pour sa prodigieuse fécondité, puisqu'elle donna à Priam pas moins de dix-neuf enfants, sur les cinquante qui sont attribués au roi. C'est elle qui lui donne ses fils et ses filles les plus célèbres : l'aîné Hector* d'abord, mais aussi Pâris*, Cassandre*, Hélénos, Polyxène ou Troïlos. Elle est la mère aimante, qui pleure ses enfants morts ou se lamente sur leur sort, et les tragiques ont compris sa grandeur, puisqu'ils en font l'héroïne de plusieurs pièces, dans lesquelles elle symbolise à elle seule la dignité et la majesté en butte au malheur, en un mot la grandeur tragique d'être femme et mère. Son destin, en effet, l'oblige à assister en spectatrice impuissante à la mort de tous ses enfants et de son époux, à la destruction de sa ville, et à subir la captivité. Et pourtant, elle aurait pu faire éviter à son peuple et à sa ville tous ces malheurs : tandis qu'elle attendait Pâris, en effet, elle se vit en songe accoucher d'une torche qui mettait le feu à sa cité. À son réveil, elle comprit qu'elle avait fait un rêve prophétique, par lequel les dieux lui signifiaient que son enfant à naître, Pâris, causerait la ruine de Troie. C'est pourquoi Priam et elle décidèrent aussitôt d'exposer l'enfant dès sa naissance ; mais il survécut contre toute attente et fut, bien plus tard, à l'origine d'un enlèvement funeste pour la ville de Priam et Hécube (→ Pâris).

Hélène

Fille de Zeus* changé en cygne et de Léda*, Hélène est née du même œuf que Pollux*, celui qu'avait fécondé Zeus, alors que son frère Castor* et sa sœur Clytemnestre* sont les enfants de Tyndare (→ Dioscures, Léda).

Hélène était la plus belle femme du monde et une foule de prétendants cherchaient à l'épouser. Tyndare eut alors l'idée de leur faire prêter serment de respecter le choix de sa fille, et de venir en aide à son mari, si jamais il avait besoin d'eux. Hélène choisit Ménélas* et devint ainsi reine de Sparte.

Elle fut toutefois la récompense promise par Aphrodite* à Pâris* lorsqu'il départagea les trois déesses (→ Pâris), et Hélène, charmée par la beauté et les richesses du fils de Priam*, partit sans trop de difficultés pour Troie. Ménélas se fit fort du serment prêté par les anciens prétendants d'Hélène pour rassembler une expédition destinée à retirer Hélène de Troie.

À Troie, Hélène fut vite l'objet de la haine du peuple, qui voyait en elle la cause de ses malheurs. Elle fut mariée à Pâris et, après sa mort, à son frère Déiphobe. Hélène, quoique respectée par Priam et Hector*, jouait cependant le jeu des Achéens : elle aida Ulysse* à voler le Palladion et, quand le cheval fut dans la ville, agita les torches du haut des murailles pour indiquer aux Achéens cachés sur l'île de Ténédos qu'ils pouvaient revenir prendre la ville.

Hélène, en réalité, était certaine que, quoi qu'il arrivât, elle serait toujours sauvée par sa beauté. Et de fait, quand Ménélas la retrouva, il voulut la tuer d'un coup de lance, mais il fut littéralement désarmé par la beauté de son épouse. Elle rentra ainsi saine et sauve à Sparte, où elle se racheta une conduite.

Hélios

Hélios est la personnification du Soleil ; fils des Titans Hypérion et Theia, il est l'une des plus anciennes créatures du monde ; son rôle est de mener son char de feu, tiré par quatre chevaux, depuis les portes de son palais d'Orient jusqu'à l'Océan ; du haut de son char, Hélios voit tout et rien de ce qui se fait sur terre ne lui échappe. Il intervient ainsi comme « observateur » et « indicateur » dans de nombreuses légendes (→ Aphrodite), et est directement lié à la mésaventure tragique de son fils Phaéton* (→ Phaéton).

Héphaïstos

Fils d'Héra*, on lui attribue généralement Zeus* pour père – bien que certaines versions lui donnent pour seul parent Héra, qui aurait mal supporté la naissance d'Athéna* du crâne de Zeus. Cet Olympien* règne sur le feu et, secondairement, sur les métaux, qu'il permet de domestiquer. Ses forges sont situées dans les volcans, où il travaille sans cesse avec l'aide des Cyclopes. Il a pour fonction principale de forger les éclairs de Zeus. Sa maîtrise du feu et son activité quotidienne en font une divinité puissante et redoutable au combat ; mais il est surtout renommé pour l'habileté de ses mains et est adoré, conjointement avec Athéna, par tous les artisans, qui ne pourraient vivre si le feu n'avait été domestiqué. Ce dieu à la barbe drue est généralement habillé comme un forgeron et s'appuie sur son marteau.

Ses débuts furent néanmoins difficiles : affligé de claudication dès sa naissance, ce dieu dégoûta, par sa laideur, sa propre mère, qui, folle de rage d'avoir enfanté un boiteux, le jeta du haut de l'Olympe. Heureusement, sa chute fut amortie par la mer et il fut recueilli par Théthys et Eurynomé, deux divinités marines. Il fut élevé par elles pendant neuf ans et leur fabriqua, plein de reconnaissance, des bijoux merveilleux. Toutefois, Héphaïstos ourdissait un plan pour revenir sur l'Olympe. Il envoya à sa mère un trône tout en or, où il avait caché des chaînes invisibles. Sa mère s'y assit aussitôt, sans se méfier : les chaînes, tout à coup, l'emprisonnèrent, et elle fut incapable de s'en libérer. Les dieux durent faire appel à Héphaïstos, qui revint sur l'Olympe monté sur un âne et libéra sa mère.

Ce dieu apporta à Zeus un précieux secours, d'abord en forgeant les éclairs dont il se servait pour foudroyer ses ennemis, ensuite en participant à la guerre contre les Géants* (il tua Clytios avec son marteau chauffé à blanc).

Malgré sa laideur repoussante (ou peut-être grâce à elle ?), il eut pour épouse la belle Aphrodite*, qui le trompait cependant avec Arès*. Alerté par Hélios*, le dieu qui voit tout, Héphaïstos les prit au piège de filets invisibles et incassables (→ Aphrodite, Arès).

Cet habile forgeron fabriqua, à la demande de Thétis*, les armes de Pélée et, à la demande d'Aphrodite, celles d'Anchise, le père d'Énée* ; Zeus fit appel à ses compétences pour enchaîner Prométhée* dans le Caucase. Enfin, cet inventeur infatigable façonna avec de la boue le corps de Pandore*, la première femme.

Héra

Fille de Cronos* et de Rhéa*, Héra règne sur le monde en tant qu'épouse de Zeus*, son frère. On l'invoque comme la déesse du mariage et de la famille. Jalouse et rancunière, elle passait pour avoir une voix terrible. Le paon est d'ailleurs l'animal qui la représente le mieux : son plumage merveilleux et comme parsemé d'yeux – Héra est aux aguets de la moindre infidélité de son mari – s'allie à une voix étonnamment peu suave. De son mariage avec Zeus naquirent Héphaïstos*, Arès*, Ilithye, la déesse de l'accouchement, et Hébé, la déesse de la jeunesse.

Le jour de son mariage avec Zeus, Gaia* lui offrit des pommes d'or, symbole de fertilité, qu'elle déposa dans le jardin qu'elle avait à l'extrême occident du monde, le jardin des Hespérides (→ Atlas, Héraclès).

La mythologie grecque illustre à maintes reprises la jalousie de la déesse, souvent à l'origine de bien des malheurs pour ses rivales ; ainsi, elle utilisa son influence sur sa fille Ilithye pour retarder l'accouchement de

Létô* (→ Létô) et la naissance d'Héraclès*. Elle poursuivait de sa haine les partenaires de son mari et les enfants illégitimes que celui-ci pouvait avoir, surtout s'ils étaient mortels : Héraclès eut à subir tout au long de son existence la haine d'Héra, et ce n'est qu'après s'être réconcilié avec elle qu'il put obtenir l'immortalité ; elle poursuivit Io* de sa colère (→ Io) et chercha à tuer son fils, Épaphos. Elle avait mis Io – qui était alors une vache – sous la garde d'Argos, un être doté de cent yeux, et qui n'en fermait jamais que la moitié. Quand Hermès* l'eut tué (→ Hermès), la déesse, dit-on, plaça les yeux de son serviteur sur les plumes de son animal favori, le paon. Son courroux implacable, enfin, est aussi à l'origine de la cécité de Tirésias*.

Après le jugement de Pâris*, qui attribue la pomme d'Éris à Aphrodite* (→ Aphrodite, Pâris), elle se range du côté des Achéens et soutient plus particulièrement Achille* et Ménélas*. Elle protège Jason* et aida les Argonautes à conquérir la Toison d'or (→ Jason).

Héraclès

Héraclès est sans doute, par ses qualités exceptionnelles, le héros le plus aimé des Grecs ; homme qui par sa force surhumaine et son courage invincible a su se hisser au rang de dieu, il est un symbole que se sont approprié des générations de dirigeants, d'artistes et de penseurs. D'abord célébré pour sa force sans égale, c'est peu à peu son courage et sa capacité à se dépasser qui furent mis en avant. Certes, ce héros le plus physique d'entre tous, par son inclination pour la bonne chère et les belles filles, a souvent pris une teinte égrillarde et parfois même ridicule, en particulier à l'époque tardive ; il n'en reste pas moins l'une des figures les plus importantes pour comprendre la pensée grecque. Fils de Zeus*, le dieu céleste, Héraclès est par essence un guerrier ; mais contrairement à Arès*, la force est toujours, chez lui, secondée par l'intelligence ; preuve en sont la tendresse qu'a Athéna* pour le héros et l'aide qu'elle lui apporte constamment. Les artistes le représentent traditionnellement revêtu de sa peau de lion, de son arc et de sa massue.

Sa naissance en fait un être d'exception : Zeus, qui désirait donner aux hommes un héros capable d'anéantir les fléaux qui les menaçaient et de vaincre les Géants* qui se rebellaient, choisit une mortelle, Alcmène, pour porter son enfant. Pour ne pas éveiller les soupçons de cette femme fidèle, il prit l'apparence de son mari, Amphitryon, parti à la guerre. Mais pour engendrer un héros exceptionnel, Zeus avait besoin de temps : il ordonna à l'Aurore de retarder son lever, afin de disposer d'une nuit plus longue. Pour parfaire son œuvre, Zeus demanda enfin à Hermès* de déposer l'enfant sur la poitrine d'Héra* pendant son sommeil ; Héraclès put ainsi boire le lait de la déesse, condition nécessaire à son immortalité. La déesse, dit-on, réveillée en sursaut, éloigna vivement l'enfant, et le lait qui s'échappa de son sein forma dans le ciel la Voie lactée. Héra devait rester l'ennemie la plus acharnée du héros : elle en voulait à Zeus d'avoir choisi une autre qu'elle pour enfanter le plus vaillant des hommes. Aussi envoya-t-elle sur le berceau d'Héraclès, une nuit, deux énormes serpents. Mais le tout jeune Héraclès (il n'avait que huit mois !) étouffa sans peine à mains nues les deux bêtes. Ce fut là le prélude à une longue carrière d'exploits.

L'épisode le plus fameux est sans doute la série de douze « travaux » qu'il dut accomplir sous les ordres de son cousin Eurysthée. Rendu fou par Héra, le héros avait en effet tué ses enfants et sa femme, et avait dû, pour expier ses fautes, servir son cousin comme un esclave. Celui-ci, jaloux de l'évidente supériorité d'Héraclès, l'envoya affronter les dangers les plus terribles dans le vain espoir qu'il en mourrait.

Les douze travaux

1. *Le lion de Némée.* Ce lion, d'une taille et d'une férocité surnaturelles, ravageait la région de Némée. Sa peau le rendait insensible aux armes des hommes ; Héraclès, abandonnant son arc et sa massue, l'affronta à mains nues et parvint à l'étouffer. Il utilisa les griffes du fauve pour découper sa peau et la porta dès lors comme armure. Ainsi revêtu de la peau de lion, il devenait invulnérable aux armes.

2. *L'hydre de Lerne*. La région marécageuse de Lerne était hantée par un monstre aux multiples têtes dont l'haleine était mortelle et le sang empoisonné. Comme ces têtes, une fois coupées, repoussaient aussitôt, Héraclès demanda à son neveu Iolaos de l'aider : à chaque fois qu'il tranchait une tête, ce dernier devait en brûler le cou avec une torche. Une fois le monstre vaincu, Héraclès eut l'idée de tremper la pointe de ses flèches dans le sang de l'hydre, les enduisant ainsi d'un poison incurable.

3. *Le sanglier d'Érymanthe*. Héraclès reçut l'ordre de débarrasser la terre d'un sanglier ; il le pista dans la forêt d'Érymanthe et le ramena vivant à Mycènes.

4. *La biche de Cérynie*. Cette biche, consacrée à Artémis*, avait des sabots d'airain et courait aussi vite que le vent. Pendant un an, Héraclès la poursuivit sans pouvoir l'attraper. Il finit cependant par la blesser et par la capturer.

5. *Les oiseaux du lac Stymphale*. Ces animaux aux ailes de métal tranchantes comme des lames étaient la plaie de la région. Héraclès les acheva tous de ses flèches empoisonnées.

6. *Les écuries du roi Augias*. Riche de centaines de bœufs, ce roi n'avait jamais pris la peine de nettoyer ses immenses stalles. Héraclès, pour ce faire, dut détourner le cours de deux fleuves, l'Alphée et le Pénée, pour leur faire traverser les écuries ; son travail fut ainsi accompli en une seule journée, comme le lui avait prescrit Eurysthée.

7. *Le taureau de Crète*. Ce taureau magnifique, que Minos* n'avait pas sacrifié à Poséidon* (→ Minos), ravageait l'île. Héraclès, pour l'amener vivant à Eurysthée, dut attraper la bête et traverser avec lui la mer.

8. *Les juments de Diomède*. Ce terrible roi de Thrace possédait quatre juments qu'il nourrissait de viande humaine. Héraclès punit cette barbarie en donnant le maître en pâture à ses bêtes et ramena les juments à Eurysthée.

9. *La ceinture de la reine Hippolytè.* Hippolytè, reine des Amazones, avait reçu d'Arès une ceinture symbolisant son pouvoir sur son peuple. Héraclès l'obtint après une âpre guerre.

10. *Les bœufs de Géryon.* Ces animaux étaient gardés sur une île perdue au milieu de l'océan. Héraclès, pour y parvenir, dut convaincre, arc à la main, Hélios* de lui prêter la barque qu'il utilisait pour traverser l'océan. Parvenu sur l'île, il emmena le troupeau et, après un long périple à travers l'Espagne, la Gaule et l'Italie, il arriva au palais d'Eurysthée.

11. *Cerbère.* Eurysthée pensait bien en finir avec Héraclès en l'envoyant à la recherche de Cerbère, le chien à trois têtes qui garde les Enfers. Il n'avait pas tort : seule l'aide d'Athéna et d'Hermès lui permit de maîtriser le terrible molosse sans recourir à ses armes.

12. *Les pommes d'or du jardin des Hespérides.* Ces fruits, donnés à Héra par Gaia* le jour de son mariage avec Zeus, étaient gardés dans un jardin à l'extrême occident du monde. Seul Atlas* pouvait les prendre ; Héraclès dut alors porter la voûte céleste à la place du Titan, qui refusa de reprendre son fardeau quand il eut rapporté les pommes. Héraclès fit mine d'accepter de garder le ciel sur ses épaules, mais demanda à Atlas de le reprendre un instant, le temps pour lui de trouver un coussin. Le Titan ne se méfia pas et Héraclès en profita pour partir, avec les pommes, jusqu'à Mycènes (→ Atlas). C'est au cours de ce voyage qu'il tua Cycnos (→ Arès).

Ces douze travaux accomplis, Héraclès fut libéré de sa servitude et son crime fut racheté. Il vécut bien d'autres aventures, tua bien des ennemis, et dut même expier un nouveau crime en servant trois ans Omphale (→ Apollon).

Il se maria avec Déjanire, sœur de Méléagre, selon un vœu qu'il avait fait à ce dernier rencontré aux Enfers (→ onzième travail). Or, un jour, le couple utilisa les services d'un Centaure, Nessos, pour traverser un fleuve ; l'homme-cheval emmena d'abord Héraclès sur l'autre rive, puis prit dans ses bras Déjanire ; profitant de l'occasion, il chercha à la violer, mais fut tué par une flèche d'Héraclès aux premiers cris poussés par sa femme. Toutefois, avant de mourir, le Centaure donna à celle-ci une fiole de son sang en lui faisant croire qu'il s'agissait d'un philtre d'amour, qu'elle pourrait utiliser si un jour elle croyait qu'Héraclès ne l'aimait plus. Déjanire crut ce jour arrivé quand Héraclès prit une concubine, Iole; elle versa alors le sang de Nessos sur une tunique de son mari; or, ce sang avait été contaminé par le poison de la flèche d'Héraclès; quand celui-ci endossa la tunique, il sentit aussitôt la brûlure du poison envahir tout son corps; il n'eut que le temps de monter au sommet de l'Œta, d'y construire un bûcher et de s'y immoler. Sa mort par le feu ne fut en fait qu'un passage: libéré de son humanité, le héros eut l'insigne honneur de monter sur l'Olympe, guidé par sa protectrice Athéna; réconcilié avec Héra, il se maria avec Hébé, la déesse de la jeunesse, et siégea sur la montagne sacrée.

Hermès

Fils de Zeus* et de Maia, une nymphe de la pluie, Hermès est l'un des plus jeunes Olympiens*. Derrière la diversité apparente de ses attributs et de ses fonctions se cache une unité symbolique: Hermès est dieu du vent, et c'est seulement ainsi qu'on peut comprendre les légendes qui se rapportent à lui. Comme le vent qui souffle parmi les arbres et dans les roseaux, Hermès est naturellement un dieu musicien; cette valeur symbolique, ensuite, explique la vitesse avec laquelle il se déplace et la fonction de messager des dieux que lui a attribuée Zeus. Le vent qui gonfle les voiles et apporte la pluie féconde fait également de lui le dieu du commerce et des profits, honnêtes ou malhonnêtes (la frontière séparant le vol du commerce étant, pour les Grecs, fort ténue...). Pour les mêmes raisons, il est le dieu des voyageurs, sur mer comme sur terre, et l'on place sur les routes des bornes à son effigie. Enfin, on comprend pourquoi il est chargé de conduire les âmes des morts auprès d'Hadès* (l'âme étant assimilée, selon la conception antique, à un souffle). On l'appelle alors Hermès Psychopompe (« guide des âmes »).

Sur les documents figurés, il apparaît d'abord comme barbu ; puis, vers l'époque classique, il évolue vers une figure plus juvénile, perd sa barbe et devient un modèle athlétique pour la jeunesse. On le reconnaît à ses attributs : les sandales ailées (qui lui permettent d'aller si vite), le pétase, un chapeau à large bord porté par les voyageurs, et le caducée.

Hermès est, de naissance, un dieu rusé ; né dans le secret d'une grotte – sa mère allait retrouver Zeus la nuit, pour que personne n'ait vent de cette union –, il arriva bien après l'avènement de Zeus et des Olympiens et dut lutter pour se faire reconnaître. Le mythe l'associe, dès le jour de sa naissance, à Apollon* ; quittant tout ensemble ses langes et sa grotte natale, le dieu nouveau-né alla voler les bœufs de son demi-frère, qui était absent. Pour plus de sûreté, le petit malin fit marcher les bœufs à l'envers, afin d'égarer quiconque voudrait suivre leurs traces, et les cacha dans sa grotte. Près de l'entrée, il vit une tortue ; il trouva l'animal si drôle qu'il le prit, l'évida et fabriqua avec sa carapace une lyre. À son retour, Apollon utilisa ses pouvoirs de divination pour savoir ce qui s'était passé, et se rendit sur-le-champ à la grotte où vivaient Maia et son fils ; là, les deux dieux se disputèrent violemment. Hermès pour se réconcilier offrit à son demi-frère l'instrument qu'il avait inventé ; le dieu de la musique, charmé par les sons de la lyre, fit aussitôt la paix avec le dernier-né de Zeus et le chargea, dorénavant, de garder ses bœufs ; et les deux frères devinrent les meilleurs amis du monde. Cette légende illustre les liens symboliques qui unissent le vent, les nuages (représentés par les bœufs) et le soleil (Apollon) : les nuages en effet, qui, comme les bœufs par leurs déjections, fertilisent la terre par l'eau qu'ils répandent, sont ramenés par le vent auprès du soleil, leur « bouvier ». Mais elle permet aussi de rattacher Hermès au dieu-musicien par excellence.

Admis sur l'Olympe, Hermès prit la fonction de messager des dieux ; c'est à lui, par exemple, que Zeus confie la mission d'emmener Héra*, Athéna* et Aphrodite* devant Pâris* (→ Aphrodite, Pâris). Dans la guerre contre les Géants* il tue Hippolytos grâce au casque d'Hadès qui rend invisible. C'est encore sa ruse naturelle qui lui permet de tuer Argos, gardien aux cent yeux, envoyé par Héra pour garder Io* transformée en vache (→ Io). On dit qu'il l'endormit avec son caducée magique, et qu'il put facilement ensuite le tuer. On lui prête la paternité de Pan*, le dieu sylvestre, et d'Hermaphrodite, qu'il eut avec Aphrodite et qui avait un corps de femme mais un sexe d'homme.

Hermione

Fille de Ménélas* et d'Hélène*, Hermione fut mariée à Néoptolème*, le fils d'Achille*. Sa stérilité la rendit jalouse d'Andromaque*, que son mari avait ramenée comme captive (→ Andromaque).

Hestia

Fille aînée de Cronos* et de Rhéa*, elle est la plus ancienne de tous les Olympiens* ; déesse du feu qui brûle dans le foyer, elle a fait vœu de rester toujours vierge (malgré les avances d'Apollon* et de Poséidon*) et de ne jamais quitter son palais sur l'Olympe. Parce que c'est elle qui règne sur le foyer et la maison, elle a un autel dans toutes les demeures.

Hippolyte

Thésée* eut un fils de la reine des Amazones, Hippolytè, qu'il appela Hippolyte. Ce garçon gardait de son ascendance maternelle un goût prononcé pour la vie sauvage et un culte pour Artémis* ; son mépris pour Aphrodite* et tout ce qu'elle représentait lui valut d'encourir une terrible vengeance de la part de celle-ci : elle rendit Phèdre*, la seconde femme de Thésée, folle amoureuse du jeune homme ; mais, pour avoir été éconduite, celle-ci alla raconter à Thésée que son fils avait essayé de la violer ; dans sa fureur noire, Thésée, le protégé de Poséidon*, qui devait à Thésée d'exaucer trois vœux de son choix, maudit solennellement Hippolyte et demanda à son dieu tutélaire de le faire périr. Tandis qu'Hippolyte s'éloignait du palais sur son char, le dieu envoya alors un monstre marin qui effraya les chevaux, provoquant un accident mortel.

Hypnos

Ce fils d'Érèbe* et de Nyx*, symboles des ténèbres originelles, est la personnification du « Sommeil », et est le frère jumeau de Thanatos, la « Mort ».

I

Icare

Fils de Dédale*, Icare fut enfermé avec son père dans le labyrinthe de Minos* (→ Dédale). Son père trouva néanmoins un stratagème pour s'enfuir : il colla avec de la cire une paire d'ailes sur ses épaules et celles de son fils, et ils s'envolèrent tous deux. Mais une fois à l'air libre, Icare, grisé par sa nouvelle liberté, commença à s'élever vers le Soleil, et il s'en approcha tant que la cire fondit et que le jeune homme plongea dans la mer.

Icare est l'un de ces héros qui, comme Phaéton* ou Bellérophon*, sont punis pour leur démesure : oublier que l'on n'est qu'un homme et se croire un dieu sont les défauts qui horrifiaient le plus les Grecs.

Io

Généralement présentée comme fille du dieu-fleuve Inachos, Io habitait à Argos, quand Zeus* tomba amoureux d'elle. Il envoya un songe à la jeune fille qui l'incita à céder à ses avances et il put ainsi s'unir à elle. Mais pour couper court aux questions d'Héra*, qui soupçonnait une nouvelle infidélité de son mari, Zeus transforma Io en vache d'une blancheur immaculée ; Héra demanda alors que cet animal lui fût consacré et elle le fit mettre sous la garde d'Argos, un homme doté de cent yeux, qui n'en fermait jamais que la moitié. Zeus, par pitié pour la pauvre Io, envoya Hermès* la délivrer : celui-ci utilisa son caducée magique pour endormir Argos, le tua et libéra la vache. Mais Héra n'en fut pas quitte pour autant : elle envoya un taon – symbole de la folie qui tourmente l'âme – harceler Io, qui commença alors un long périple par tout l'Orient (son voyage donna son nom au détroit du Bosphore, « le Pas de la vache »). Sa souffrance prit fin en Égypte, où Zeus lui rendit forme humaine et, lui touchant le front, la fit accoucher de leur fils, Épaphos, « le Touché ».

Iphigénie

Fille d'Agamemnon* et de Clytemnestre*, Iphigénie fut sacrifiée à Artémis* par son père à Aulis, pour permettre à la flotte des Achéens de partir pour Troie (→ Agamemnon, Artémis). Au moment de l'exécution, la déesse la remplaça par une biche et l'emmena en Tauride (la Crimée actuelle) pour servir et propager son culte. Elle devait sacrifier tous les naufragés qui parvenaient sur les côtes. Mais un jour, elle reconnut dans ces naufragés son frère Oreste* et son ami Pylade, qui étaient venus en Tauride précisément pour prendre la statue d'Artémis. Iphigénie la leur donna et rentra avec eux en Grèce.

J

Jason

Jason est né à Iolcos, où son père Æson régnait. Mais Pélias, un fils de Poséidon*, s'empara du trône, chassa Æson, qui était son demi-frère et, un oracle l'ayant averti qu'il serait tué par un descendant d'Éole, fit mettre à mort tous les Éoliens. La mère de Jason, effrayée, fit quitter la ville à son fils nouveau-né et le confia à Chiron*, qui l'éleva.

Plusieurs années après, Jason revint à Iolcos; il avait perdu, au cours de son voyage, une de ses sandales, et Pélias, relevant ce détail, fut pris d'une vive inquiétude: un second oracle l'avait averti de se méfier d'un homme portant une seule sandale. Jason apprit qui était Pélias et réclama aussitôt le trône qui lui revenait; Pélias accepta à la condition que Jason lui ramenât la toison d'un bélier d'or, consacrée à Arès* et gardée par le roi de Colchide (la Géorgie actuelle), Æétès.

Jason, héros protégé par Héra* et Athéna*, partit donc à la conquête de la Toison d'or; il rassembla pour cela une cinquantaine d'hommes, parmi lesquels figuraient Orphée*, les Dioscures* et leurs cousins Idas et Lyncée, Héraclès*, ainsi que Zétès et Calaïs, fils du vent Borée; Argos, l'un d'entre eux, inspiré par Athéna, construisit le navire blanc *Argo*.

Un long périple commença alors pour Jason et les Argonautes (« les marins d'Argo »), et après maintes escales ils arrivèrent au détroit du Bosphore, qu'ils devaient emprunter pour arriver en mer Noire. Or, deux rochers mobiles en barraient l'entrée; Jason, sur le conseil d'un devin qu'ils avaient aidé durant leur voyage, lâcha alors une colombe qui traversa presque sans encombre (les rochers ne lui arrachèrent qu'une plume de la queue) le détroit. Les Argonautes prirent donc le même chemin, et les rochers ne leur ôtèrent qu'une partie de la poupe ; puis, longeant le Caucase, ils arrivèrent en Colchide.

Jason expliqua à Æétès le but de sa mission et le roi ne lui refusa pas la Toison ; il devait simplement réussir trois épreuves : mettre le joug à deux taureaux cracheurs de feu, labourer un champ et semer les dents du dragon d'Arès* (→ Cadmos) ! Jason ne put réussir qu'avec l'aide de Médée*, la fille d'Æétès, une puissante magicienne. Elle lui donna un baume qui le rendit invulnérable au fer et au feu et lui recommanda de se méfier des soldats qui naîtraient des dents du dragon. Suivant ses conseils, Jason vint à bout des trois épreuves et emporta la Toison ; il n'avait pas à se soucier du dragon qui la gardait, car Médée utilisa ses sortilèges pour l'endormir. Voyant qu'Æétès ne voulait plus honorer sa promesse, Jason s'enfuit alors avec Médée et son frère Apsyrtos ; comme Æétès les poursuivait, Médée eut un affreux stratagème : elle découpa son frère en morceaux qu'elle jeta un à un à la mer ; leur père fut contraint de ralentir pour ramasser les bouts de son fils qui flottaient à la dérive, et il perdit de vue les fugitifs.

Les Argonautes parvinrent en Grèce après un second long voyage qui les amena, cette fois, en Méditerranée occidentale. De retour à Iolcos avec la Toison, Jason put prendre sa place de roi légitime et, avec l'aide de Médée, sa femme, se vengea de Pélias en le faisant tuer par ses propres filles : Médée leur fit croire qu'en le faisant bouillir dans un chaudron elles le feraient rajeunir... Le couple dut alors quitter Iolcos et ils vécurent longtemps à Corinthe. Jason finit cependant par répudier Médée pour se fiancer à Créüse, que la sorcière n'hésita pas à tuer, ainsi que ses propres enfants qu'elle avait eus de Jason. Celui-ci rentra à Iolcos, où régnait un fils de Pélias, le chassa du pouvoir et retrouva définitivement la place qui lui revenait de droit.

L

Laomédon

Laomédon, fils d'Ilos, est un lointain descendant de Dardanos* et, à ce titre, règne sur Troie ; père de Priam*, il est à l'origine de la lignée qui gouverne la cité au moment du siège qu'en font les Achéens.

Laomédon est un roi impie et parjure, qui ne respecte jamais sa parole donnée. Voulant donner une muraille monumentale à sa ville, il fut aidé en cela par Poséidon* et Apollon*, forcés par Zeus* à travailler pour lui. Les dieux – secondés par le mortel Éaque – s'acquittèrent de leur tâche en dotant Troie de murailles divines (→ Apollon, Poséidon). Mais, une fois la muraille construite, le fourbe Laomédon refusa de payer le salaire dont ils avaient convenu. De colère, Poséidon fit ravager la région de Troie par un monstre marin et fit savoir par un oracle qu'il n'accepterait de rappeler la bête qu'à la seule condition que Laomédon lui offrît en sacrifice sa fille Hésionè. C'est ce que Laomédon était résolu à faire, lorsque Héraclès* passa par là et promit au roi de tuer le monstre en échange d'un troupeau de chevaux divins que le roi gardait dans ses écuries. Héraclès débarrassa ainsi la Troade de ce fléau ; mais Laomédon refusa une fois de plus de payer le prix convenu, et Héraclès revint quelques années plus tard à la tête d'une expédition, prit la ville, et tua Laomédon et ses fils, à l'exception du seul Priam. L'impiété de Laomédon est ainsi à l'origine de la haine que voue Poséidon aux Troyens.

Léda

Léda est la femme de Tyndare, roi de Sparte. Sa beauté attira l'attention de Zeus*, qui eut l'idée de se changer en cygne ; Léda s'approcha de lui et Zeus en profita pour s'unir à elle sans qu'elle s'en rendît compte. Le soir même, Tyndare fit l'amour avec elle ; elle pondit quelque temps après deux œufs, dont un seul était le fruit de ses amours divines : de cet œuf, naquirent Pollux* et Hélène* ; Castor* et Clytemnestre*, nés de l'autre œuf, étaient pleinement humains.

Létô

Fille de Titans, Létô a porté deux des enfants de Zeus* les plus puissants, Apollon* et Artémis*, encourant pour cela la redoutable colère d'Héra*. Celle-ci avait interdit à la terre de l'accueillir ; Létô finit par arriver sur une île flottante et inconnue, Délos, qui accepta de devenir la terre natale des dieux à naître. Ses douleurs durèrent neuf jours, car Héra avait ordonné à Ilithye, déesse de l'accouchement, de ne pas la libérer. Zeus envoya Iris la persuader d'aider Létô, et la Titanide mit au monde ses jumeaux, Artémis d'abord, puis, un jour après, Apollon (→ Apollon). Figure de la mère prête à tout pour ses enfants, Létô fut toujours tendrement aimée par Apollon et Artémis.

M

Marsyas

Ce satyre de Phrygie (région d'Asie Mineure) est un célèbre musicien. Il découvrit sa vocation lorsqu'il tomba par hasard sur une flûte abandonnée. C'était l'instrument qu'avait inventé la déesse Athéna* et qu'elle avait présenté, toute fière, aux Olympiens* ; mais ceux-ci, et en particulier Héra* et Aphrodite*, se moquèrent de la déesse : quand elle jouait de la flûte, lui firent-elles remarquer, ses joues se déformaient de manière disgracieuse, et son teint tournait au rouge vif. Constatant qu'elles avaient dit vrai, la déesse, irritée et confuse, maudit sa flûte et la jeta près d'une rivière de Phrygie. C'est là que Marsyas la trouva : non content de faire de la musique, il estima qu'il était le meilleur musicien de la terre et alla jusqu'à défier Apollon*, le dieu de la musique, dans un concours : celui des deux qui l'emporterait ferait subir à l'autre le châtiment de son choix. Apollon, capable, grâce à sa lyre, de jouer à l'envers comme à l'endroit – ce que ne pouvait faire le flûtiste – fut déclaré vainqueur, et se vengea de l'orgueilleux satyre en l'écorchant vif, suspendu à un pin.

Médée

Fille du roi Æétès, Médée est petite-fille d'Hélios* et nièce de la magicienne Circé*. Son destin est lié à celui de Jason*, qu'elle a aidé lors de sa quête et qui est devenu son mari, avant d'être répudiée et d'épouser ensuite Égée* (→ Jason, Thésée).

Ménélas

Fils d'Atrée* et d'Aéropé, Ménélas est le frère d'Agamemnon*. Ils furent chassés tous deux de Mycènes par Égisthe* et allèrent se réfugier à Sparte auprès du roi Tyndare, le père nourricier d'Hélène*. Celle-ci choisit, parmi ses prétendants, Ménélas et, à la mort des Dioscures*, le trône de Sparte leur revint. Ils eurent pour fille Hermione*.

Le jugement de Pâris* allait tout changer : Aphrodite* avait promis au jeune Troyen la plus belle des femmes, et celui-ci alla à Sparte, alors que Ménélas était absent, et enleva Hélène. À son retour, Ménélas rassembla tous les prétendants qui avaient juré à Tyndare de venir en aide au mari qu'Hélène se serait choisi, s'il faisait appel à eux, et organisa l'expédition contre Troie (→ Aphrodite, Hélène).

Au tout début de la guerre, Ménélas affronte Pâris en duel, parvient à le blesser, mais le Troyen est aussitôt protégé par Aphrodite qui l'entoure d'un nuage et l'emmène chez lui. Quand, plus tard, les Troyens attaquent les navires, Ménélas se distingue en blessant Hélénos et en tuant quelques soldats ennemis. Lors de la prise de la ville, il fit partie du contingent de soldats cachés dans le cheval de Troie ; après avoir retrouvé sa femme, incapable de la tuer, il se réconcilia avec elle (→ Hélène). Ils partirent alors pour l'Égypte et la Grèce ; de retour à Sparte, une fois n'est pas coutume, ils vécurent heureux de longues années.

Métis

Fille d'Océan et de Théthys, cette déesse, qui appartient à une génération plus ancienne que celle des Olympiens*, personnifie la Ruse – c'est le sens du mot *mètis* en grec – aussi bien sous son versant positif (la sagesse) que négatif (la perfidie). À ce titre, elle intervient souvent dans le mythe pour venir en aide, par ses stratagèmes, à Zeus* lui-même : c'est elle, par exemple, qui donna l'émétique qui permit de faire vomir à Cronos* ses enfants qu'il avait avalés (→ Zeus). Elle fut même la première épouse de Zeus, dont il eut un enfant ; or un oracle apprit au roi des dieux que l'enfant dont accoucherait Métis le détrônerait. Il décida alors, pour échapper à un tel destin, d'absorber Métis : c'est ainsi qu'il accoucha lui-même d'Athéna* (→ Athéna, Zeus).

MIDAS

Roi légendaire de Phrygie, Midas intervient dans le cycle mythique de Dionysos*. Le dieu du vin, en effet, ou son fidèle Silène, dans d'autres légendes, avait été fait prisonnier par erreur par des paysans de Phrygie, et avait été délivré par Midas. Le dieu accorda alors au roi, en guise de récompense, d'exaucer l'un de ses vœux : Midas, prototype de l'Oriental avide de richesses, demanda alors le don de changer en or tout ce qu'il toucherait. Dionysos accéda à sa demande, et Midas, dès lors, s'amusa à transmuter en or tout ce qui l'entourait. Mais le don s'avéra plus terrible qu'il ne l'avait imaginé : incapable de le réfréner, il changeait ainsi en or tout aliment et toute boisson, et était menacé par conséquent de mourir de faim et de soif. Aussi supplia-t-il Dionysos de lui reprendre son don ; le dieu accepta à nouveau, et lui ordonna d'aller se laver la tête et les mains dans l'eau d'un fleuve voisin, le Pactole. Midas s'exécuta et fut délivré de son don ; mais le fleuve charria depuis, dit-on, des paillettes d'or.

Midas apparaît également dans une autre légende phrygienne : il participe, soit comme juge, soit comme simple observateur, au concours qui opposa le satyre Marsyas* à Apollon* (→ Marsyas) ; dans tous les cas, il prononça un arbitrage en faveur du satyre. Apollon, pour se venger, lui fit alors pousser des oreilles d'âne. Affublé de tels appendices, Midas mit par la suite tout son soin à tenir secrète sa malédiction, en portant en tout lieu et en toute saison une tiare qui lui cachait complètement les oreilles. Seul son coiffeur était dans le secret, et avait reçu ordre de ne le dévoiler sous aucun prétexte. Mais le pauvre homme, pour soulager sa conscience, finit par confier à la terre ce secret : il creusa un trou dans le sol et raconta à la terre que

Midas était affublé d'oreilles d'âne. Mais à l'endroit où il avait « enfoui » ce secret, poussèrent des roseaux, qui, à chaque fois qu'ils étaient caressés par le vent, répétaient les paroles du coiffeur et révélaient le secret du roi.

Minos

Ce légendaire roi de Crète passait pour être le fils de Zeus* et d'Europe. Son règne, réputé pour avoir été fort juste, commença toutefois dans l'impiété ; à la mort de son père nourricier Astérion, Minos demanda à Poséidon* de lui envoyer un présage qui lui permette de réclamer le trône, que revendiquaient aussi ses frères. Le dieu envoya alors le plus beau et le plus puissant taureau qu'on eût jamais vu. Minos, ébloui par sa beauté, garda l'animal pour lui, au lieu de le sacrifier à Poséidon, comme pourtant il l'avait promis. Le dieu irrité rendit alors Pasiphaé, la femme de Minos, amoureuse du taureau, et elle parvint, grâce à l'aide de Dédale*, à s'accoupler avec lui. De cette union monstrueuse naquit le Minotaure (« le taureau de Minos »), que le roi cacha dans le labyrinthe construit tout exprès par Dédale (→ Dédale).

Il est certain que la légende de Minos contient des souvenirs de l'époque où, dès le deuxième millénaire avant J.-C., la Crète était à la tête d'un empire qui s'étendait sur toute la mer Égée et sur la Grèce continentale. C'est ainsi qu'on prête à Minos plusieurs guerres contre les cités grecques ; il remporta une victoire contre Athènes, dont il recevait un tribut annuel de sept jeunes garçons et sept jeunes filles, qu'il donnait en pâture au Minotaure, tribut auquel mit fin Thésée*, secondé par Ariane*, la propre fille de Minos (→ Thésée).

Il trouva la mort à la cour du roi Cocalos, en Sicile, alors qu'il recherchait Dédale qui s'était enfui du labyrinthe (→ Dédale). À sa mort, Minos, réputé pour sa sagesse, devint l'un des trois juges des âmes, aux côtés d'Éaque et de Rhadamanthe.

Morphée

Morphée est l'un des fils d'Hypnos*, personnification du « Sommeil » ; il est chargé par son père de prendre les mille formes du songe pour tromper les humains dans leur sommeil.

Muses

Filles de Zeus* et de Mnémosynè, la personnification de la Mémoire, les Muses veillent avant tout sur les arts poétiques (poésie, musique, théâtre) ; elles passent pour donner aux poètes leur inspiration – n'oublions pas que, dans l'Antiquité, la création poétique ne reposait que sur la tradition orale et la mémoire des poètes, qui rendaient donc tout naturellement un culte aux filles de la Mémoire.

Elles passent le plus clair de leur temps en Piérie (près du mont Olympe), ou sur l'Hélicon, la montagne « poétique » par excellence, où elles dansent en compagnie d'Apollon*. Voici la liste canonique des Muses et de l'art que chacune d'elles représente : Calliope, la poésie épique ; Clio, l'histoire ; Euterpe, la flûte ; Melpomène, la tragédie ; Terpsichore, la danse et le chant des chœurs ; Érato, la poésie lyrique ; Polymnie, les hymnes et, plus tard, la pantomime ; Thalie, la comédie et la poésie bucolique ; Uranie, l'astronomie.

N

Narcisse

À sa naissance, un oracle avait annoncé à ses parents que Narcisse vivrait vieux à la seule condition qu'il ne se regarde pas. En grandissant, l'adolescent, d'une beauté extraordinaire, faisait naître irrémédiablement la passion dans le cœur des jeunes filles ou des nymphes qu'il croisait – la nymphe Écho fut de leur nombre –, passion qui laissait cependant froid le beau jeune homme. C'est Némésis, la déesse de la vengeance, qui finit par punir Narcisse : tandis qu'il chassait un jour de fortes chaleurs, elle lui inspira une grande soif : Narcisse s'approcha alors d'une source pour se désaltérer, mais aperçut son reflet, dont il tomba aussitôt amoureux. Incapable de se détacher de la contemplation de son image, le jeune homme se laissa mourir à l'endroit même où il était. On raconte qu'en ce lieu poussa une fleur qui prit son nom, le narcisse.

Néoptolème

Lorsque le jeune Achille* fut caché parmi les filles du roi Lycomède sur l'île de Scyros, le bouillonnant héros s'éprit d'une des filles du roi, Déidamie (→ Achille). Après son départ, elle donna naissance à un fils, Néoptolème, que l'on surnommait Pyrrhos, « le Roux » (→ Pyrrha 2.). Après la mort d'Achille, les Achéens apprirent du fils de Priam* Hélénos, qui avait des pouvoirs de divination, qu'ils ne pourraient prendre la ville sans l'aide du fils d'Achille : ils le firent donc venir à

Troie, où il se montra digne du souvenir de son père, et joua un rôle important dans les derniers temps de la guerre de Troie ; il fit notamment partie des soldats qui se cachèrent dans le cheval de bois prétendument offert à Poséidon* et ouvrirent les portes de la ville à leurs camarades (→ Ulysse). C'est lui qui fit mettre à mort Astyanax*, en le précipitant du haut des murailles de la ville, et il emmena comme captive Andromaque*, la veuve d'Hector*. Celle-ci donna à Néoptolème trois fils, et encourut ainsi la jalousie d'Hermione*, l'épouse légitime de Néoptolème, qui était stérile. Elle demanda alors à Oreste*, son ancien fiancé, de la venger ; celui-ci s'exécuta en assassinant Néoptolème (→ Andromaque, Hermione, Oreste).

Nérée

Ce « Vieillard de la mer », fils de Pontos, personnification de la Mer, et de Gaia*, est une très ancienne divinité marine, capable de se transformer en n'importe quelle créature. Ses cinquante filles, les Néréides, sont également des déesses marines (→ Amphitrite, Thétis).

Nestor

Nestor participa à l'expédition achéenne contre Troie comme roi de Pylos ; vieillard respecté et écouté, il passe pour le plus sage de tous les chefs achéens et c'est par ses conseils avisés, plus que par sa vaillance au combat – il manque de peu de se faire tuer par Hector* – qu'il se distingue des autres chefs achéens.

Nyx

Fille de Chaos* et sœur d'Érèbe*, Nyx (« Nuit ») symbolise l'obscurité céleste, tandis que son frère personnifie les ténèbres souterraines.

O

Œdipe

Œdipe (« Pied-Enflé ») doit ce nom aux circonstances de sa naissance : son père Laïos, le roi de Thèbes, avait appris d'un oracle que, s'il avait un fils, celui-ci le tuerait. Quand sa femme Jocaste lui eut donné un fils, Laïos s'empressa de le faire exposer aux dangers de la forêt, et Œdipe fut accroché par les pieds à un arbre. Mais des bergers le recueillirent et l'emmenèrent chez le roi de Corinthe, Polybos, qui l'éleva comme son fils.

Devenu adulte, Œdipe alla consulter l'oracle de Delphes, qui lui révéla qu'il tuerait son père et épouserait sa mère ; croyant que cette prophétie concernait Polybos et sa femme, il préféra s'exiler et partit pour Thèbes. À un carrefour, son char croisa celui de Laïos ; une dispute éclata entre les deux hommes et Œdipe, en colère, tua Laïos sans savoir qui il était. Arrivé à Thèbes, il se rendit fort populaire en débarrassant la population du Sphinx, monstre ailé mi-femme, mi-lion, qui dévorait quiconque ne savait répondre à ses questions. Il lui demanda : « Qui marche d'abord sur quatre pattes, puis sur deux et enfin sur trois ? » Œdipe répondit aussitôt qu'il s'agissait de l'homme à chacun des stades de sa vie : enfant, il marche à quatre pattes, devenu grand il se tient sur ses deux pieds, puis vieillard il s'aide d'une canne, sa « troisième patte », pour avancer. Le monstre, stupéfait, se jeta alors du haut de sa colonne. Les Thébains, pour honorer ce nouveau héros, lui donnèrent la main de Jocaste et le trône de la cité. Œdipe eut d'elle quatre enfants, Étéocle*, Polynice*, Ismène et Antigone*. L'oracle était accompli, et une terrible épidémie de peste s'abattit sur la ville. Tirésias*, le devin thébain, révéla qu'Œdipe était le fils abandonné par Laïos ; Jocaste, horrifiée par l'inceste qu'elle avait commis, se tua ; Œdipe se creva les yeux, et décida de s'exiler, après avoir maudit ses fils. Antigone, en revanche, accompagna son père jusqu'à Colone, en Attique, où il mourut (→ Antigone).

Olympiens

On désigne sous ce nom les divinités qui ont succédé aux premières créatures (Gaia*, Ouranos* et leurs enfants les Titans). On les appelle ainsi, parce qu'elles ont élu domicile sur le mont Olympe en Thessalie. La première génération des Olympiens rassemble les six enfants de Cronos* et de Rhéa* (Hestia*, Héra*, Déméter*, Hadès*, Poséidon* et Zeus*), ainsi qu'Aphrodite*, la fille d'Ouranos ; de la seconde génération font partie les enfants divins de Zeus : Athéna*, Apollon* et Artémis*, Dionysos*, Hermès*, Arès* et Héphaïstos*.

Oreste

Fils cadet d'Agamemnon* et de Clytemnestre*, Oreste est un vengeur : c'est lui qui, sept ans après le meurtre de son père, fit payer à sa mère et à Égisthe* leur forfait. Sa vengeance, qu'il commet à l'instigation de certains dieux, tout en contrevenant aux lois édictées par d'autres, en fait un personnage tragique d'une extrême profondeur.

À la mort d'Agamemnon, Oreste n'était qu'un enfant, et il aurait été tué avec son père (il était son seul héritier mâle) si sa sœur Électre* ne l'avait pas envoyé en secret auprès de son oncle Strophios, roi de Phocide, où il fut élevé avec son cousin Pylade, qui devint son inséparable ami. À Delphes, Apollon* lui ordonne de venger son père. Il tue, avec l'aide de sa sœur Électre, Égisthe et Clytemnestre. Mais Oreste devient fou et est poursuivi sans relâche par les Érinyes* pour avoir commis un parricide ; il retourne alors à Delphes où Apollon le purifie de son crime, mais l'oblige à se soumettre au jugement que réclament les trois déesses de la vengeance. Ce jugement a lieu à Athènes, où est créé le tribunal de l'Aréopage, qui siège depuis lors sur cette colline (« la colline d'Arès »). Lors du procès, les juges sont partagés, et c'est Athéna*, la présidente de la séance, qui donne sa voix décisive en faveur de l'acquittement d'Oreste. Libéré des Érinyes, le protégé d'Apollon doit ensuite, pour être guéri de sa folie, se rendre en Tauride et rapporter la statue d'Artémis* qui s'y trouve. C'est là qu'Oreste et Pylade rencontrent Iphigénie*, devenue, alors qu'on la croyait morte, grande prêtresse d'Artémis ; elle reconnaît son frère et l'aide à voler la statue et à la rapporter en Grèce (→ Iphigénie). Une fois de retour, Oreste se marie avec Hermione* et règne sur Argos.

Orion

Orion est un Géant*, fils de Poséidon*, et fameux chasseur, capable, grâce à son père, de marcher sur les eaux. Cet archer intervient dans le mythe d'Artémis*, qu'il chercha à violer (→ Artémis).

Orphée

Orphée est le chanteur par excellence, à la fois poète et musicien. Fils du dieu-fleuve Œagre et de la Muse* Calliope (« À la belle voix »), patronne de la poésie épique, Orphée est généralement représenté en train de chanter en s'accompagnant de la lyre ou de la cithare.

Il participa à l'expédition des Argonautes (→ Jason), et réussit par son chant à vaincre la douce mélodie des Sirènes.

L'épisode le plus célèbre de son mythe est la descente aux Enfers qu'il fit pour ramener son épouse bien-aimée, Eurydice, qui avait marché sur un serpent. Il charma grâce à sa musique tous les démons infernaux et parvint à émouvoir Hadès* et Perséphone*, qui consentirent à ce qu'il ramenât sa femme dans le monde des vivants – privilège accordé à très peu de mortels –, à condition que, durant leur remontée, il ne se retourne jamais vers elle. Orphée marchait donc devant sa femme, et ils avaient presque atteint la lumière du jour, quand, entendant une pierre rouler derrière lui et pris soudain d'une vive inquiétude, il se retourna : Eurydice disparut aussitôt et resta à jamais prisonnière du royaume des morts.

Ouranos

Premier-né et premier mari de Gaia*, Ouranos est la personnification du Ciel. De leur union naquirent les Titans, les Hécatonchires et les Cyclopes ; mais Gaia, lasse de la tyrannie d'Ouranos, demanda à son dernier-né, Cronos*, de la débarrasser de son époux. Celui-ci émascula alors son père avec une faucille et prit le pouvoir (→ Cronos, Gaia). Des gouttes de sang et de sperme qui coulèrent de la blessure naquit Aphrodite*.

P

Pallas → Athéna.

Pan

Dieu des forêts, des bergers et des troupeaux, Pan est fils d'Hermès* et d'une nymphe. Mi-homme, mi-bouc, ce dieu vivait dans les montagnes boisées, les cavernes et tous les endroits sauvages ; ses cris et ses apparitions subites provoquaient chez les bergers une peur terrible, précisément qualifiée de « panique ». Amant infatigable, il passait son temps à poursuivre jeunes filles et jeunes garçons de ses assiduités. Ainsi, la nymphe Syrinx, pour lui échapper, se transforma en roseau ; Pan, attristé, le coupa en sections de différentes longueurs et fabriqua la syrinx, ou flûte de Pan.

Pandore

Première femme créée par Héphaïstos* sur l'ordre de Zeus*. Ce dernier cherchait un moyen de se venger de Prométhée* et des humains qu'il avait aidés. Il fit donc faire cette femme, la para de toutes les beautés et l'envoya auprès d'Épiméthée*, le frère de Prométhée, qui la prit pour femme malgré les recommandations de son frère. Pandore avait avec elle une jarre, donnée par les dieux, qu'elle ne devait ouvrir sous aucun prétexte. Mais la curiosité fut la plus forte : Pandore ouvrit la jarre, de laquelle s'échappèrent tous les maux qui s'abattirent sur l'humanité. Elle la referma cependant à temps pour garder l'Espérance, que contenait également la jarre.

Pâris

Quand Hécube* mit au monde Pâris, elle fit un terrible cauchemar : elle rêva qu'elle enfantait une torche qui mettait le feu à Troie. Sur les conseils des devins, Priam*, qui en était le père, décida d'abandonner l'enfant ; mais le petit Pâris fut recueilli par des bergers et élevé dans les montagnes de Troade sous le nom d'Alexandre. Il gardera de cette enfance un goût prononcé pour le pastoralisme.

Une fois adulte, il participa aux jeux organisés par Priam pour commémorer sa propre mort. Il remporta toutes les épreuves et fut reconnu par sa sœur Cassandre* ; c'est ainsi que Pâris retrouva sa place de prince de la ville.

Pourtant, la vision d'Hécube n'allait pas tarder à se réaliser : un jour qu'il gardait ses troupeaux, Hermès* amena Héra*, Athéna* et Aphrodite*, qu'il devait, sur ordre de Zeus*, départager. Chacune d'elles, en effet, revendiquait la pomme envoyée par Éris lors des noces de Pélée et Thétis* (→ Aphrodite). Sensible aux propos d'Aphrodite – elle lui promettait l'amour d'Hélène*, la plus belle femme du monde –, Pâris déclara que la pomme lui revenait, et partit pour Sparte afin d'enlever Hélène ; sa beauté et sa richesse eurent tôt fait de convaincre la belle Hélène de le suivre et, profitant de l'absence de son mari, les deux amants gagnèrent Troie.

Ce fut là le point de départ de la guerre de Troie ; durant le conflit, Pâris, en tout point l'antithèse de son frère Hector*, ne s'illustra pas par sa vaillance : lors de son duel contre Ménélas*, Pâris, blessé, ne dut son salut qu'à l'intervention d'Aphrodite. Son seul coup d'éclat fut d'avoir tué Achille* d'une flèche envoyée dans son talon ; encore faut-il rappeler que la flèche fut guidée par Apollon*. Pâris mourut cependant peu après d'une autre flèche, lancée cette fois par Philoctète*, et enduite d'un terrible poison.

Patrocle

Fils de Ménœtios, Patrocle est l'ami le plus cher d'Achille* ; on en fit couramment, quand l'homosexualité se répandit dans la société grecque, un couple d'amants. Au cours de la guerre de Troie, quand les Troyens attaquèrent les vaisseaux achéens, alors qu'Achille s'était retiré des hostilités (→ Achille), il revêtit les armes divines de son ami et partit combattre, mais fut rapidement tué par Hector*, qui récupéra l'armure d'Achille. Sa mort causa une telle douleur au Péléide, qu'il partit aussitôt au combat et ramena douze prisonniers qu'il sacrifia en son honneur.

Pélops

Ce fils de Tantale* est d'abord une victime de l'impiété; il est lui-même l'un des rares homme pieux d'une famille qui a compté nombre de membres impies et sacrilèges (→ Atrides) – même s'il n'hésite pas, hérédité oblige, à recourir lui aussi à la ruse. Son père en effet, le riche Tantale*, n'hésita pas à donner à manger aux dieux, qu'il recevait, un ragoût fait de la viande de son fils, alors tout jeune; tous les dieux repérèrent la supercherie, à l'exception de Déméter*, qui mangea l'épaule de Pélops. Horrifiés par ce crime affreux, les dieux ressuscitèrent Pélops et Déméter lui offrit une épaule en ivoire pour remplacer celle qu'elle avait consommée: on dit depuis que les descendants de Pélops se reconnaissent par une tache blanche – qui n'est autre qu'un morceau d'ivoire incrusté – qu'ils portent tous à l'épaule (→ Tantale).

Pélops était un jeune homme fort beau, qui s'attira l'amour de Poséidon*, maître des chevaux; celui-ci en fit momentanément l'échanson des dieux, et par la suite lui accorda sa protection en lui offrant des chevaux ailés. C'est d'ailleurs certainement grâce à cette présence tutélaire et à ces coursiers extraordinaires qu'il parvint à obtenir la main de la belle Hippodamie. Œnomaos, le roi de Pise (en Élide), refusait de marier sa fille, malgré le nombre impressionnant de prétendants qu'elle s'attirait, car un oracle lui avait prédit qu'il serait tué par son gendre. Il imagina alors pour écarter tout prétendant un stratagème particulièrement cruel: comptant sur la rapidité de ses chevaux qu'il tenait de son père Arès*, il défiait à une course de chars quiconque prétendait à la main de sa fille. Le roi remportait inévitablement la course, et après chacune de ses victoires, il faisait couper la tête au perdant et l'accrochait à sa porte, pour dissuader d'éventuels autres prétendants. Mais c'était compter sans Pélops, qui aimait Hippodamie, et qui déjoua la ruse d'Œnomaos par la ruse : Hippodamie eut tôt fait de persuader Myrtilos, le cocher d'Œnomaos, de dévisser secrètement les roues du char de son maître – on dit que Myrtilos était lui aussi amoureux d'Hippodamie. Lors de la course qui l'opposa à Pélops, le protégé de Poséidon, Œnomaos eut ainsi un accident fatal ; Pélops put alors épouser Hippodamie et eut d'elle de nombreux enfants, dont les plus célèbres sont les frères ennemis Atrée* et Thyeste*.

Pénélope

Pénélope, qui a attendu durant vingt ans le retour de son mari Ulysse*, passe pour le modèle de la femme vertueuse et fidèle. Pendant toutes ces années, en effet, elle dut élever seule son jeune fils Télémaque* (né peu avant le départ d'Ulysse) et tenir le palais ; de plus, cent huit prétendants, venus des environs, la pressaient de se remarier avec l'un d'eux. Pour différer sa réponse, elle leur dit qu'elle choisirait un nouveau mari dès qu'elle aurait terminé l'ouvrage qu'elle tissait pour Laërte, le père d'Ulysse ; mais, chaque nuit, elle défaisait le travail qu'elle avait fait le jour. Elle ne fut débarrassée d'eux qu'au retour de son mari (→ Ulysse).

Persée

Fils de Zeus* et de Danaé*, Persée a connu une naissance miraculeuse (→ Danaé). Acrisios, le père de Danaé, qui avait appris d'un oracle que son petit-fils le tuerait, avait, à la naissance de Persée, mis sa fille et son enfant à la mer dans un coffre, en pensant qu'ils mourraient en mer ; mais c'était sans compter l'aide de Zeus, qui les fit arriver sains et saufs sur l'île de Sériphos. Sur cette île, régnait un certain Polydectès qui tomba amoureux de Danaé ; mais Persée, qui avait grandi, ne le laissait pas approcher de sa mère ; le roi eut donc l'idée, pour éloigner Persée, de l'envoyer chercher un cadeau d'anniversaire extraordinaire, la tête de la Gorgone Méduse. Les Gorgones étaient trois sœurs terribles; deux d'entre elles étaient immortelles, et seule Méduse pouvait être tuée. D'une laideur effroyable, Méduse avait une chevelure hérissée de serpents, des dents de sanglier, une peau écailleuse et de grandes ailes qui lui permettaient de voler; de plus, quiconque croisait son regard était aussitôt transformé en statue de pierre! Persée dut partir à sa recherche. Mais Athéna* et Hermès* décidèrent d'aider leur demi-frère; la première lui prêta son bouclier de bronze en vue du combat et lui conseilla d'aller en Afrique trouver les Grées (« les Vieilles »), trois sœurs des Gorgones qui connaissaient leur repaire. Hermès lui prêta son épée recourbée et une besace. Persée parvint par la ruse à ce que les Grées lui dévoilent la cachette de Méduse et à ce qu'elles lui donnent deux objets dont il avait besoin: le casque d'Hadès* qui rend invisible et des sandales ailées; grâce aux sandales, il arriva très vite dans la grotte où vivaient les Gorgones et, grâce au casque, il put s'approcher subrepticement de Méduse pendant son sommeil. En s'aidant du bouclier d'Athéna comme d'un miroir pour éviter de croiser son regard, il lui trancha la gorge. Du sang versé par Méduse naquit Pégase, le cheval ailé (→Bellérophon). Persée mit la tête de Méduse dans sa besace, se rendit invisible et s'échappa avant que les deux sœurs immortelles ne pussent le rattraper. En rentrant auprès de sa mère, il croisa Atlas* (→ Atlas), puis rencontra Andromède*, qu'il sauva d'un terrible destin avant de l'épouser (→Andromède). Une fois mariés, ils se rendirent tous deux à Sériphos, où Polydectès terrorisait Danaé; Persée arriva à temps et, brandissant du sac la tête de Méduse, le changea en statue de pierre. Il rendit alors aux dieux qui l'avaient aidé tous les objets magiques dont il avait profité, et Athéna plaça la dangereuse tête de Méduse au centre de son boulier.

Persée retourna alors à Argos voir son grand-père; mais ce dernier, qui n'avait pas oublié l'oracle, alla se réfugier en Thessalie. La prophétie se réalisa néanmoins, quand Persée, qui participait à des jeux funèbres, tua par accident Acrisios qui faisait partie du public. Affligé par son geste malheureux, Persée renonça au trône d'Argos, qu'il échangea contre celui de Tirynthe, où il finit sa vie.

Perséphone

Fille de Zeus* et de Déméter*, Perséphone (ou Korè, de son vrai nom) est, comme sa mère, une déesse du blé ; sa vie changea néanmoins radicalement le jour où elle fut enlevée par Hadès* (→ Déméter, Hadès). Bien qu'elle passe la moitié de l'année en compagnie de sa mère, Perséphone intervient surtout comme reine des Enfers, trônant aux côtés de son mari ; à ce titre, elle joue un rôle dans la légende d'Adonis* (→ Adonis).

Phaéton

Ce fils d'Hélios* avait été élevé par sa mère Clyméné dans l'ignorance de sa généalogie. Quand il apprit qui était son père, il supplia Hélios de lui laisser conduire son char une seule journée. Le dieu, malgré ses réticences, lui laissa les rênes, et Phaéton partit. Mais le quadrige solaire n'était pas facile à guider ! Les chevaux, ne reconnaissant pas leur maître, allaient ou trop bas, desséchant des régions entières, ou trop haut, jetant la terre dans le froid et manquant de brûler les étoiles. Pour sauver le monde, Zeus* dut foudroyer Phaéton, qui tomba dans les eaux de l'Éridan (le Pô).

Phèdre

Fille de Minos* et Pasiphaé et sœur d'Ariane*, Phèdre devint la femme de Thésée* et vécut avec lui à Athènes. C'est là qu'elle rencontre le fils qu'il avait eu de la reine des Amazones, Hippolytè, pour lequel elle éprouve une passion irrépressible, et coupable. Devant le refus du jeune homme, elle invente un mensonge qui provoquera la mort de celui-ci. Elle-même, effrayée par la conséquence de sa funeste passion, se donna la mort par empoisonnement (→ Hippolyte).

Philoctète

Philoctète est un personnage qui joue un rôle déterminant dans la prise de Troie. Héros thessalien et redoutable archer, il est surtout célèbre pour être le possesseur de l'arc et des flèches empoisonnées d'Héraclès*, que le héros avaient confiés, au moment de sa mort, au père de Philoctète ou à Philoctète lui-même. Ancien prétendant d'Hélène*, il participa à ce titre à l'expédition organisée par Ménélas* pour aller récupérer son épouse (→ Hélène, Ménélas). Lors du voyage, la flotte achéenne fit escale sur l'île de Ténédos, où Philoctète fut piqué au pied par un serpent. L'état de sa blessure se dégrada rapidement, son pied enfla et se mit à exhaler une odeur insoutenable qui incommodait à tel point les membres d'équipage qu'Ulysse* résolut de se débarrasser de ce gênant compagnon : il convainquit les autres chefs achéens d'abandonner Philoctète sur l'île alors déserte de Lemnos. Philoctète fut donc laissé sur l'île, où il rumina son ressentiment contre Ulysse et les Achéens pendant plus de dix ans. Pendant ce temps, les Achéens firent le siège de Troie, parvinrent à vaincre Hector* et Pâris*, perdirent Achille*, mais n'étaient toujours pas près de prendre la ville. Or ils finirent par apprendre du fils de Priam* Hélénos, qui avait le don de prophétie, que les Achéens ne pourraient prendre Troie sans l'aide de l'arc d'Héraclès, qui avait déjà permis de prendre une première fois la ville (→ Laomédon). Les chefs achéens envoyèrent donc Ulysse, accompagné de Néoptolème*, le fils d'Achille, ou de Diomède, récupérer sur l'île de Lemnos les armes d'Héraclès que gardait farouchement Philoctète. C'est par la perfidie, la ruse et des arguments de mauvaise foi que le retors Ulysse parvint à convaincre Philoctète – qui le détestait depuis le jour où il l'avait fait abandonner sur Lemnos – de le suivre jusqu'à Troie. Là, sa blessure fut soignée par les fils d'Asclépios*, et Philoctète put participer aux combats, et assurer ainsi la victoire définitive des Achéens sur les Troyens. L'un de ses hauts faits – qui contredit toutefois la chronologie généralement admise – fut d'avoir lancé la flèche qui tua Pâris (→ Pâris). Il fut l'un des rares héros de l'expédition achéenne à regagner indemne et sans détour sa patrie.

Pollux → Dioscures.

Polynice

Fils d'Œdipe* et de Jocaste, Polynice fut chassé de Thèbes par son frère Étéocle*, quand il revint, comme convenu, régner pour un an sur la ville. Il se réfugia alors à Argos, auprès du roi Adraste, qui l'aida à rassembler une armée dirigée par sept chefs pour le rétablir sur le trône. Ces Sept contre Thèbes étaient Polynice, Adraste, Tydée*, Parthénopaeos, Capanée, Hippomédon et Amphiaraos. Cette expédition fut un échec total; Polynice et Étéocle s'affrontèrent dans un duel, où ils périrent tous deux. Leur oncle Créon, qui assura alors la régence, ordonna que le cadavre de Polynice, déclaré ennemi public, ne reçût pas de sépulture; mais Antigone* passa outre à cet interdit (→ Antigone).

Poséidon

Fils de Cronos* et de Rhéa*, Poséidon appartient à la première génération des Olympiens*; lors du partage du monde entre les trois fils de Cronos (→ Zeus), Poséidon obtint la domination sur les eaux et la mer, où il élut domicile. Toutefois, ses liens avec la terre sont très grands: il est le dieu des tremblements de terre, qui étaient conçus, dans l'Antiquité, comme l'effet de la colère du dieu de la mer; aussi l'appelle-t-on souvent « l'Ébranleur de la terre ». On le représente généralement muni du trident, l'arme des pêcheurs de thon. Le cheval et le taureau lui sont consacrés, car ils incarnent respectivement la vitesse et la force des vagues.

À l'image de la mer, qu'il habite et dont il est le souverain, Poséidon est un dieu puissant, colérique et rancunier. Il voue une haine inextinguible aux Troyens, depuis le jour où Laomédon*, le père de Priam*, manqua à sa parole: Apollon* et Poséidon durent servir un an ce mortel, et il était convenu qu'ils l'aideraient à construire une muraille autour de Troie contre salaire. Les dieux s'exécutèrent, mais Laomédon refusa de payer ; Poséidon, non content d'envoyer un monstre marin ravager son pays et d'exiger que lui soit offerte en sacrifice la fille du mortel, continua, durant la guerre de Troie, à soutenir les Achéens et à harceler les Troyens (→ Laomédon). Deux Achéens, cependant, eurent à essuyer son courroux. Ajax* le petit, d'abord, qui s'était rendu odieux à tous les dieux par son impiété et le viol de Cassandre* ; Poséidon aida Athéna* à le punir (→Ajax 1). Ulysse*, ensuite, pour avoir aveuglé son fils, le Cyclope Polyphème. Le dieu de la mer mit alors tout son pouvoir à empêcher le retour du héros (→ Ulysse).

Minos*, tout comme Laomédon, manqua par orgueil à sa parole et fut dès lors en butte à la vengeance du dieu : Poséidon, pour aider Minos à prendre le pouvoir, avait envoyé un magnifique taureau, que Minos devait lui sacrifier en retour. Au lieu de cela, le roi de Crète décida de garder cette bête magnifique ; Poséidon rendit alors Pasiphaé, la femme de Minos, amoureuse folle du taureau. Celle-ci, grâce à l'aide de Dédale*, s'unit au taureau et enfanta le Minotaure, monstre moitié homme, moitié taureau, que Minos cacha dans une prison nommée labyrinthe. En outre, Poséidon rendit fou le taureau qui se mit à dévaster la région, et fut capturé par Héraclès* lors d'un de ses travaux (→ Héraclès).

Bien qu'il eût pour épouse Amphitrite*, il eut, comme son frère, un grand nombre de maîtresses, divines ou mortelles, dont il eut beaucoup d'enfants. La plupart du temps, ces enfants, qui héritaient de la violence de leur père, étaient des monstres ou des bandits. Le Cyclope Polyphème est un de ses fils ; mais il fut également le père de Thésée*, le héros d'Athènes.

À plusieurs reprises, Poséidon revendiqua la possession de nombreuses villes et se querella, souvent sans succès, avec les autres dieux à ce sujet. Il avait des vues sur Athènes, mais Athéna emporta l'adhésion des Athéniens (→ Athéna) ; il inonda alors la plaine de l'Attique. Au sujet d'Argos, il eut un violent démêlé avec Héra*, qui était soutenue par les fleuves de la région ; de colère, Poséidon les assécha tous. À Corinthe, enfin, son rival était Hélios* à qui fut accordée la colline qui surplombe la ville (l'Acrocorinthe), tandis que Poséidon obtenait l'ensemble de l'isthme, entouré de part et d'autre par la mer.

Priam

Ce fils de Laomédon* était le roi de Troie durant la guerre menée par les Achéens (→ Laomédon). Il eut, d'après la tradition, cinquante enfants, dont dix-neuf de sa femme Hécube* ; ceux d'entre eux qui jouent le rôle le plus important dans le cycle troyen sont Hector*, l'aîné, Pâris*, Déiphobe, Cassandre* et Troïlos, le benjamin des fils de Priam, et le frère préféré du grand Hector.

Au moment de la guerre, Priam est trop vieux pour combattre, mais il suit de près avec sa femme l'évolution des combats; roi plein de sagesse et de mansuétude, il est un des rares à ne pas mépriser Hélène*. À la mort d'Hector, alors qu'Achille* refuse de rendre son corps, Priam n'hésite pas, au mépris du danger et sans se soucier de son rang, à aller supplier Achille dans sa tente de le lui restituer, et obtient gain de cause.

Prométhée

Prométhée est un Titan, fils de Japet et de Thémis*. Son nom même (« celui qui réfléchit avant [d'agir] ») fait de lui un personnage rusé et l'oppose à son frère Épiméthée* (« celui qui réfléchit après »). Contrairement à ce dernier, qui causa la ruine des hommes (→ Pandore), Prométhée est honoré comme bienfaiteur de l'humanité; il passe même pour avoir créé les hommes, en façonnant des statuettes d'argile qu'Athéna* dotait de vie. Il se heurta cependant à la cruelle colère de Zeus* – qu'il avait pourtant soutenu durant la guerre contre les Titans – car Prométhée préférait les hommes aux dieux, et il ne supporta pas que Zeus les privât du feu, qui leur permettait de se chauffer et de cuire leurs aliments. Il monta donc sur l'Olympe, déroba une étincelle qu'il cacha dans le creux d'une tige et rendit le feu aux hommes. Zeus, furieux, envoya alors Héphaïstos* enchaîner Prométhée sur le Caucase, où un aigle venait dévorer son foie ; et comme celui-ci repoussait chaque nuit, le supplice de Prométhée n'avait pas de fin. Zeus consentit néanmoins, longtemps après, à le libérer, quand Prométhée lui dévoila un secret : que celui qui épouserait Thétis* serait chassé du pouvoir par son fils (→ Thétis).

Protée

Comme Nérée*, Protée est un des « Vieillards de la mer », l'une de ces vieilles divinités marines de la mythologie grecque. Il était chargé de garder les troupeaux de phoques de Poséidon*. Protée avait le double pouvoir de prédire l'avenir et de prendre n'importe quelle forme ; ainsi, il échappait à ceux qui le questionnaient sur le futur en se transformant en différents animaux ou en torrent de flammes. Ménélas* et Télémaque* furent de ce nombre. Le premier chercha à le capturer après avoir fait naufrage, parce qu'il voulait apprendre comment regagner Sparte ; et c'est grâce à Idothée, la fille de Protée, qu'il parvint à ses fins, tandis que le dieu faisait une sieste au milieu de ses phoques. Télémaque aussi eut raison du devin grâce à un piège, et put apprendre de sa bouche que son père Ulysse* était retenu sur l'île de Calypso (→ Ulysse).

Pyrrha

1. Fille d'Épiméthée* et Pandore*, cette Thessalienne est la femme de Deucalion* et survit avec lui au déluge provoqué par Zeus* (→ Deucalion).

2. C'est le nom (« la Rousse ») que porte Achille*, lorsqu'il est caché par sa mère sur l'île de Scyros parmi les filles du roi Lycomède (→ Achille). Le fils qu'il conçut lors de ce séjour, Néoptolème*, fut surnommé Pyrrhos en souvenir du nom momentanément adopté par son père (→ Néoptolème).

Pyrrhos → Néoptolème.

R

Rhéa

Fille d'Ouranos* et de Gaia* et mariée à son frère Cronos*, cette Titanide est la mère de la première génération des Olympiens*. Lasse de la tyrannie de son mari, qui avait avalé leurs cinq premiers enfants, elle cacha le dernier-né, Zeus*, en Crète, d'où il revint, plus tard, libérer ses frères et sœurs et assurer sa domination sur le monde (→ Cronos, Zeus).

S

Sisyphe

Ce fils d'Éole et d'Énarété est l'incarnation de la ruse mais, contrairement à celle dont fait preuve Ulysse*, auquel on l'apparente parfois, d'une ruse sans scrupules ; car Sisyphe est aussi une figure de l'impiété.

Alors qu'il avait fondé Corinthe, Sisyphe fut le témoin du rapt d'Égine, la fille du dieu-fleuve Asopos, par Zeus* ; et comme Asopos cherchait sa fille partout, Sisyphe lui proposa de lui révéler l'identité du coupable en échange d'une source. Asopos accepta le marché. Telle est l'origine de la haine de Zeus à l'égard de Sisyphe. Aussi envoya-t-il Thanatos, la personnification de la Mort, l'emporter. Mais Sisyphe réussit à tromper Thanatos et à l'enfermer dans une tour. L'ordre du monde en fut bouleversé : les humains ne mouraient plus. Les dieux, contraints de réagir, envoyèrent Arès* délivrer Thanatos ; une fois libre, la Mort revint pour emporter Sisyphe, qui ordonna à sa femme de ne pas l'ensevelir. Sisyphe se présenta donc devant le dieu des morts sans avoir reçu les honneurs funèbres, et le rusé mortel expliqua que l'impiété de sa femme en était la cause ; Hadès*, irrité par l'impudence féminine, accepta que Sisyphe remontât sur terre pour punir sa femme. À nouveau à l'air libre, Sisyphe, qui était parvenu à ses fins, vécut encore de longues années aux côtés de son épouse.

Pour cette impiété, Sisyphe dut subir un châtiment dans le Tartare : il fut condamné à pousser éternellement un énorme rocher en remontant une pente, mais dès que ce rocher arrivait au sommet, il roulait de nouveau immanquablement en bas.

T

Tantale

Fils de Zeus* et de Ploutô, Tantale était fameux pour sa richesse ; ses enfants les plus célèbres sont Niobé et Pélops, le père de Thyeste* et d'Atrée* ; Tantale est, ainsi, à l'origine de la génération des Atrides*, et l'on impute parfois la malédiction qui pèse sur eux à son impiété. Ce mortel était pourtant fort apprécié par les dieux ; mais un jour, dit-on, il invita plusieurs d'entre eux à un banquet, au cours duquel il leur servit, pour tester leur clairvoyance, un ragoût fait à partir de son propre fils, Pélops. Tous les dieux s'aperçurent, avant même de goûter, de l'infâme supercherie, sauf Déméter*, qui venait de perdre sa fille Perséphone* (→ Déméter, Hadès, Perséphone), et qui mangea l'épaule de Pélops. Les dieux, horrifiés, rendirent la vie à Pélops – et Déméter lui donna, pour remplacer l'épaule qu'elle avait mangée, une épaule en ivoire. À sa mort, Tantale reçut un châtiment exemplaire : envoyé au Tartare, il était plongé dans l'eau jusqu'au menton et souffrait d'une soif inextinguible ; mais dès qu'il approchait ses lèvres pour boire, l'eau se retirait aussitôt. Pareillement, une branche chargée de fruits appétissants pendait à portée de sa main, et Tantale souffrait constamment de la faim ; mais à peine levait-il le bras pour prendre un fruit, que la branche s'éloignait hors d'atteinte de l'affamé ; tel était le « supplice de Tantale » destiné à punir un mortel trop orgueilleux et impie.

Télémaque

Né peu après le départ d'Ulysse* pour Troie, Télémaque, élevé par sa mère Pénélope* et par Mentor, le vieil ami d'Ulysse, n'a pas connu son père. Les quatre premiers chants de l'*Odyssée*, qui lui sont consacrés, nous montrent un jeune homme pieux, courageux et naïf; exaspéré par le comportement des prétendants de sa mère (→ Pénélope), Télémaque se laisse convaincre par Athéna*, qui prit alors les traits de Mentor, d'aller prendre des nouvelles de son père; c'est ainsi qu'il rencontre Nestor*, puis Ménélas*, qui lui apprend que son père est prisonnier de Calypso. De retour à Ithaque, il rencontre son père, et ensemble ils préparent leur vengeance; Télémaque se charge d'ôter toutes les armes accrochées aux murs de la salle de banquet, afin que les prétendants ne puissent se défendre des coups d'Ulysse.

Thémis

Thémis, fille d'Ouranos* et de Gaia*, personnifie la Loi et la Justice et siège sur l'Olympe auprès de Zeus*, en qualité de conseillère du roi des dieux; elle eut d'ailleurs de lui plusieurs enfants, notamment les Moires, déesses du destin. C'est elle qui institua les lois et les oracles et c'est pourquoi elle est la seule Titanide à habiter avec les Olympiens*. Dépositaire des secrets de l'avenir, elle joue un rôle dans la légende de Prométhée (→ Prométhée, Thétis).

Thésée

Thésée est le plus grand héros d'Athènes et il est, pourrait-on dire, à l'Attique ce qu'Héraclès* est au Péloponnèse. Leurs légendes, d'ailleurs, se recoupent parfois; l'analogie commence dès la naissance du héros, puisque, à l'instar d'Héraclès, on attribue à Thésée une double ascendance, humaine en la personne d'Égée*, le roi d'Athènes, et divine, car le héros passe régulièrement pour être le fils de Poséidon*.

On raconte généralement qu'Égée avait conçu son fils d'Æthra, la fille du roi de Trézène, alors qu'il était parti consulter un oracle pour mettre un terme à sa stérilité. Et il préféra que son fils fût élevé à Trézène dans le secret, car il craignait pour sa vie et son trône (ses cinquante neveux, les Pallantides, aspiraient en effet à le renverser). Il quitta donc Æthra, après avoir caché son épée et ses sandales sous un énorme rocher : il demanda à la mère de Thésée de ne montrer ce rocher que lorsque leur fils serait capable de le soulever à main nue et de l'envoyer à Athènes avec cet équipement, pour se faire reconnaître d'Égée.

À seize ans, Thésée suivit sa mère devant le rocher et le déplaça sans effort, prit les sandales et l'épée, et partit pour Athènes. Il suivit à pied la route du bord de mer, infestée alors de monstres et de brigands, dont il débarrassa le monde. Le plus célèbre d'entre eux est sans doute Procuste (ou Polypémon de son vrai nom), qui tenait une auberge sur la route reliant Éleusis à Athènes. Ce sinistre personnage, fils de Poséidon, avait pour sanglante habitude de faire s'étendre ses clients sur un lit : il coupait alors, à ceux qui étaient trop grands et dépassaient du lit, les membres ou au contraire les étirait à ceux qui étaient trop petits. Thésée fit subir ce supplice au bourreau, qui goûta ainsi du fameux « lit de Procuste », resté depuis proverbial. Puis Thésée arriva à Athènes, où son père était sous l'emprise des sortilèges de Médée*, sa femme. Celle-ci comprit tout de suite qui était Thésée, et persuada Égée, qui ne l'avait pas encore reconnu, de la laisser l'empoisonner ; par chance, Égée reconnut l'épée de Thésée au moment où Médée lui tendait une coupe de poison ; Égée jeta la coupe à terre et reconnut publiquement son fils ; quant à Médée, elle s'enfuit d'Athènes. Thésée donna une preuve ultime de son ascendance en débarrassant la plaine de Marathon du taureau qu'Héraclès avait ramené de Crète (→ Héraclès).

Après ce coup d'éclat, Thésée voulut aussi libérer Athènes du joug crétois : le roi de Crète Minos* avait remporté une guerre contre Athènes et avait alors imposé à Égée de lui envoyer, chaque année, sept jeunes filles et sept jeunes hommes, qu'il donnait en pâture au Minotaure, un monstre mi-homme, mi-taureau, enfermé dans un labyrinthe construit par Dédale* (→ Dédale, Minos). Thésée, indigné d'un tel tribut, se fit mettre au nombre des jeunes hommes envoyés à Minos – car Minos avait promis de libérer les Athéniens s'ils parvenaient à tuer le Minotaure –, et gagna la Crète sur un navire aux voiles noires. Avant de partir, il fit un sacrifice à Apollon* et à Aphrodite*, et Égée lui confia un jeu de voiles blanches, qu'il avait ordre de mettre si jamais il rentrait sain et sauf à Athènes. Arrivé en Crète, et grâce à la faveur qu'il avait auprès d'Apollon et d'Aphrodite, il séduisit Ariane*, la fille de Minos, qui l'aida : elle lui confia une pelote de fil à accrocher à l'entrée du labyrinthe ; il n'aurait alors, après avoir tué le monstre, qu'à rembobiner la pelote pour sortir. Thésée, après avoir vaincu à mains nues le Minotaure, retrouva effectivement sans peine la sortie et s'enfuit avec Ariane et les autres Athéniens sur leur navire – il avait promis à la jeune fille, si elle l'aidait, de l'emmener à Athènes et de l'épouser. Le navire fit escale sur l'île de Naxos, où Thésée abandonna Ariane (→ Ariane), et à Délos, avant d'arriver à Athènes ; dans sa précipitation, cependant, Thésée avait oublié les recommandations de son père, et n'avait pas changé les voiles de son navire : celui-ci, qui guettait sur la plage le retour de son fils, aperçut de loin les voiles noires et, croyant que son fils avait échoué, se jeta de désespoir dans la mer, qui prit dès lors le nom de mer Égée.

Les funérailles furent splendides et Thésée fut proclamé, à regret, roi d'Athènes ; son œuvre politique y fut fondamentale : il passe pour le véritable fondateur de la ville, à laquelle il donna son nom, en l'honneur d'Athéna*, sa protectrice, et ses principales institutions. Il eut très vite à défendre la ville contre un siège des Amazones, un peuple de femmes guerrières ; les causes de ce siège varient d'une tradition à l'autre, mais toujours est-il que Thésée parvint à mettre en fuite les Amazones et leur reine, Hippolytè (dont il eut un fils, Hippolyte*) ; il épousa ensuite Phèdre*, la sœur d'Ariane, qui causa la perte de son fils (→ Hippolyte, Phèdre).

On rattache à la figure de Thésée Pirithoos, un roi thessalien, considéré comme son meilleur et inséparable ami. C'est d'ailleurs parce que les deux amis avaient décidé qu'ils n'accepteraient désormais pour femme qu'une fille de Zeus, qu'ils allèrent enlever Hélène* (alors âgée de douze ans) que Thésée se promit d'épouser plus tard et essayèrent de ravir Perséphone*, la femme d'Hadès*. Pour ce faire, ils descendirent tous deux aux Enfers, où Hadès les fit asseoir sur les « sièges de l'oubli » : ces sièges firent oublier aux deux héros jusqu'à leur propre identité, et ils restèrent là immobiles ; quand Héraclès descendit aux Enfers pour aller chercher Cerbère (→ Héraclès), se souvenant que le grand-père maternel de Thésée l'avait jadis accueilli quand il était dans le besoin, il voulut sauver le héros athénien ; Hadès consentit à ce qu'il le fît remonter à la surface, mais garda à tout jamais Pirithoos. Le retour de Thésée à Athènes fut néanmoins douloureux : durant son absence prolongée, les Dioscures* étaient venus chercher leur sœur et avaient chassé du trône les enfants de Thésée ; celui-ci n'eut d'autre choix que de partir sur l'île de Scyros où il trouva la mort (selon certains, de la main de Lycomède, le roi de l'île).

Thésée reste pour l'imaginaire grec, et athénien en particulier, le héros national de l'Attique et le fondateur de la démocratie.

Thétis

Fille de Nérée* et d'une immortelle, Thétis est la plus célèbre des Néréides ; élevée par Héra* elle garda toujours pour la déesse une profonde affection. Sa grande beauté faisait d'elle l'objet des avances insistantes de Zeus* et de Poséidon* ; or, Thémis* savait que le fils de Thétis serait plus puissant que son père et qu'il le détrônerait ; comme elle n'avait confié ce secret qu'à Prométhée*, ce dernier s'en servit comme monnaie d'échange pour être délivré de ses chaînes (→ Prométhée). Quand Zeus apprit la prophétie, il décida qu'il était plus sage de marier Thétis à un mortel ; Pélée fut choisi, et tous les dieux furent conviés à leurs noces, à l'exception d'Éris (« la Discorde »), qui, pour se venger, lança dans l'assemblée une pomme destinée « à la plus belle ».

Cette « pomme de la discorde », que se disputèrent Héra, Athéna* et Aphrodite*, fut à l'origine de la guerre de Troie (→ Aphrodite, Pâris).

Thétis vouait à son fils unique, Achille*, un amour sans bornes et chercha par tous les moyens à le débarrasser de la mortalité que lui avait conférée Pélée (→ Achille). C'est elle qui demanda à Héphaïstos* de forger pour son fils un nouvel équipement – armure (cuirasse, casque et jambières), bouclier et armes – après qu'Hector* eut tué Patrocle et pris ses armes, qui n'étaient autres que celles d'Achille (→ Achille, Hector, Patrocle).

Thyeste

La légende de Thyeste est tout entière centrée sur sa rivalité sanglante avec son frère Atrée* (→ Atrée, Égisthe).

Tirésias

Tirésias est le grand devin de Thèbes ; les circonstances dans lesquelles il acquit son don ne font pas l'unanimité ; généralement on raconte que Tirésias, après avoir rencontré deux serpents, avait été transformé en femme durant sept ans, puis qu'il était redevenu un homme ; or, un jour, Zeus* et Héra* se disputaient pour savoir qui, de l'homme ou de la femme, éprouvait le plus de plaisir en faisant l'amour ; ils décidèrent de demander à Tirésias de trancher, puisqu'il avait connu les deux états ; celui-ci répondit sans hésiter que la femme éprouvait un plaisir neuf fois plus intense que l'homme... Héra, furieuse, aveugla sur-le-champ Tirésias ; Zeus, en compensation, lui donna le don de prophétie. C'est ainsi qu'il devint le devin officiel de la famille royale de Thèbes. Il révéla notamment à Œdipe* qu'il avait tué son père et épousé sa mère (→ Œdipe) et conseilla à Créon, après la mort d'Étéocle* et Polynice*, d'enterrer ce dernier, ce que ne fit pas Créon, pour son grand malheur (→ Antigone).

TYDÉE

L'épisode le plus fameux de sa légende est sa participation à l'expédition des Sept contre Thèbes, dirigée par Polynice* pour reconquérir son trône (→ Polynice). Tydée était un protégé d'Athéna*, et elle avait même réussi à obtenir de Zeus* un flacon d'ambroisie pour le rendre immortel. Mais, durant la bataille devant Thèbes, alors qu'Athéna apportait à son protégé la fiole d'ambroisie, Tydée combattit Mélanippos ; il le tua mais fut mortellement blessé. Or le héros, enivré par une fureur sanguinaire, loin de laisser là le cadavre de son ennemi, lui fendit le crâne et dévora sa cervelle. Athéna, horrifiée par cet acte, fit demi-tour avec la fiole et laissa mourir Tydée sur le champ de bataille.

U

ULYSSE

Ulysse est un personnage de l'épopée homérique ; il est le fils de Laërte et d'Anticlée et a pour ancêtres Zeus* et Hermès*, le dieu des stratagèmes. Car ce roi d'Ithaque, « l'homme aux mille tours », est resté célèbre pour sa ruse et il est tout naturellement le protégé d'Athéna*, qui apprécie son intelligence et son ingéniosité.

Durant l'expédition et le siège de Troie, Ulysse se distingua par sa ruse, mais aussi par sa cruauté et son absence de scrupules : c'est lui qui retrouva Achille* caché par Thétis* sur l'île de Scyros et il eut l'idée du cheval pour prendre une ville que les armes n'avaient su réduire. Il fit construire un grand cheval de bois dans lequel il se cacha avec d'autres soldats. Les Achéens firent mine de partir en abandonnant le cheval sur la plage, comme s'il s'agissait d'une offrande à Poséidon* ; les Troyens firent entrer le cheval dans leur ville, et, la nuit venue, les soldats en sortirent, tuèrent les sentinelles et ouvrirent les portes de la ville au reste de la troupe. Après cet « exploit », Ulysse n'hésita pas non plus à se faire attribuer injustement les armes d'Achille, alors qu'elles revenaient de droit à Ajax*, du suicide duquel il fut responsable (→ Ajax 2) ; selon certaines versions, c'est lui qui fit mettre à mort le petit Astyanax* et Hécube*, la femme de Priam*.

Si l'*Iliade* et les récits de la guerre le présentent sous un jour souvent peu favorable, il est, en revanche, le personnage principal de l'*Odyssée*, et on découvre un homme sage et modéré en proie à la colère des dieux

– essentiellement celle de Poséidon. Symbole même d'une condition humaine vouée à l'errance et aux revirements soudains de fortune, le roi d'Ithaque acquiert la grandeur qui lui manquait. Voici les principales étapes de son voyage :

L'île des Cyclopes. Ulysse et ses compagnons débarquent sur une île, la Sicile, peuplée d'êtres gigantesques, doués d'un seul œil rond (c'est le sens du mot Cyclope en grec). Ils parviennent dans la grotte de l'un d'entre eux, Polyphème, qui entend bien les dévorer. Ulysse lui fait croire qu'il s'appelle « Personne » et lui fait boire du vin ; le Cyclope, qui n'en avait jamais bu, sombre rapidement dans le sommeil, et Ulysse en profite pour lui crever l'œil avec un pieu et s'échapper ; Polyphème appelle au secours ses congénères et leur explique que « son œil a été crevé par Personne » ; les autres Cyclopes le prennent pour un fou et Ulysse parvient à prendre le large. Mais par cet acte, il encourut la colère de Poséidon, le père du Cyclope. Celle-ci eut des conséquences terribles : le seigneur des mers fit tout dès lors pour empêcher le héros de rentrer à Ithaque.

L'île d'Éole. Éole, le maître des vents, accueille Ulysse et lui confie une outre contenant tous les vents. Mais ses compagnons, qui croyaient qu'elle contenait un trésor, l'ouvrent dans son sommeil : tous les vents s'en échappent en même temps et une tempête envoie le navire d'Ulysse à l'opposé de sa destination.

L'île de Circé. Cette île italienne était habitée par une puissante magicienne, Circé*, fille d'Hélios*, qui transforma les compagnons d'Ulysse en pourceaux. Ulysse reçut d'Hermès* une plante magique, le *moly*, grâce à laquelle il put résister aux enchantements de Circé ; la sorcière rendit alors forme humaine aux compagnons du héros et offrit au roi d'Ithaque l'hospitalité pendant un an. Ulysse eut d'elle un fils, Télégonos.

Les Sirènes. Sa route passait le long de l'îlot des Sirènes, créatures mi-femmes, mi-oiseaux, dont le chant charmait quiconque l'entendait et provoquait son naufrage. Ulysse, averti du danger, ordonna à ses compagnons de l'attacher au mât de son navire et leur fit se boucher les oreilles avec de la cire en leur ordonnant de ne pas prêter attention à ses cris. Ulysse put ainsi profiter du chant merveilleux des Sirènes sans risques.

Charybde et Scylla. Deux monstres terribles gardaient le détroit de Messine et, après avoir échappé de justesse au premier, Ulysse dut affronter le second, tombant ainsi « de Charybde en Scylla ».

Calypso. Ulysse perdit peu après tous ses compagnons et, accroché à un morceau d'épave, il débarqua sur l'île habitée par Calypso. Il resta, dit-on, dix ans auprès de cette belle nymphe, et Athéna elle-même dut intervenir pour qu'elle le laissât partir.

L'île des Phéaciens. Ulysse repartit alors sur un radeau qu'il construisit lui-même ; mais Poséidon, rancunier au suprême degré, n'avait pas oublié l'outrage qu'il avait fait à son fils et il envoya une terrible tempête sur ce radeau. Ulysse échoua alors sur une île, où il rencontra Nausicaa ; grâce à elle il fut reçu par son père Alcinoos, roi des Phéaciens, qui le reçut avec hospitalité ; ému par le récit de ses aventures, il le fit emmener à Ithaque sur un de ses navires.

Le retour à Ithaque. À peine débarqué, Ulysse, qui avait bien changé en vingt ans d'absence, se rendit chez Eumée, son porcher, qui le reconnut. Là, il put rencontrer son fils, et tous deux mirent au point un plan pour se venger des prétendants (→ Télémaque). Ulysse se déguisa en mendiant et, sans se faire reconnaître de personne, se mêla au groupe des prétendants. Il ne tarda pas à les tuer l'un après l'autre de son arc. Il se fit ensuite reconnaître de Pénélope, qui fut enfin récompensée de sa fidélité.

Par toutes les épreuves qu'il eut à affronter, et au même titre qu'Héraclès*, Ulysse fut très vite érigé au rang de figure symbolique ; beaucoup de philosophes virent en lui le sage par excellence et celui qui, ballotté par les épreuves de la vie, finit par arriver à bon port ; ce héros, guidé par sa nostalgie (« mal du retour » en grec), reste pour nous un point de référence universel.

Z

Zeus

Roi des Olympiens*, dont il a assuré la domination, Zeus est le dernier-né des enfants de Cronos* et de Rhéa*. Dieu du ciel lumineux, il choisit comme domaine, après avoir renversé son père et pris le pouvoir, le ciel et la terre, alors qu'à ses frères Poséidon* et Hadès* échurent respectivement la mer et le monde souterrain. D'après la vision cosmologique du monde, Zeus incarne le ciel dans toutes ses manifestations météorologiques : ce ciel, tour à tour serein ou embrumé d'orage, traduit fidèlement l'humeur du maître du monde ; la pluie, la grêle et la neige sont directement envoyées par lui, ainsi que la foudre, forgée par les Cyclopes, qui est son arme de prédilection. Aussi les artistes le représentent-ils généralement debout avec un éclair à la main ou assis sur son trône céleste ; sa barbe, épaisse et bouclée, lui donne un air de majesté souveraine. L'aigle est son messager, et le chêne lui est consacré.

Ce dieu puissant est redouté par tous, et les hommes attendent les signes qu'il leur envoie. Son règne, cependant, n'a pas toujours été celui de la sagesse et de la justice, et son histoire peut se lire comme celle d'une ascension vers le pouvoir et de la tentation tyrannique, que le dieu devra surmonter afin de régner légitimement sur le monde.

Car dès sa naissance, Zeus s'illustre comme le sauveur et il incarne l'espoir d'un ordre nouveau, celui de la justice. Cronos, une fois arrivé au pouvoir, était devenu un tyran craint de tous ; il dévorait ses enfants à peine sortis du ventre de leur mère ; Rhéa n'en pouvait plus et décida de sauver le dernier. Elle partit en secret sur terre, mit au monde Zeus, qu'elle confia à des nymphes crétoises, et donna une pierre emmaillotée à son mari, en la faisant passer pour son dernier-né. C'est donc en Crète que le futur roi des dieux fut élevé par des nymphes, et nourri par une chèvre, Amalthée. Le petit Zeus gagnait vite en force et en intelligence et, dès qu'il fut jeune homme, il décida de renverser son père. Métis*, la déesse de la ruse, fit absorber à Cronos un émétique ; le Titan vomit alors ses cinq enfants, Hestia*, Déméter*, Héra*, Hadès* et Poséidon*, et la guerre entre les nouveaux dieux et les anciens Titans commença. Zeus eut la bonne idée de délivrer les Hécatonchires et les Cyclopes, que son père avait enchaînés dans le Tartare et, grâce à leur soutien actif, Zeus eut la victoire et devint ainsi le roi des dieux (→ Cronos).

Zeus obtint de cette façon le pouvoir absolu ; son règne fut d'abord plein de justice et il veillait à ce que l'ordre du monde fût toujours préservé. Pour cela, il se maria d'abord à Métis, qu'il avala pour faire sienne sa ruse naturelle (→ Athéna), puis à Thémis*, la Justice, qui accepta de devenir sa conseillère. Sa seule épouse légitime fut néanmoins sa sœur Héra, qu'il trompa maintes fois avec des déesses (→ Déméter, Létô, Hermès) comme avec des mortelles (→ Io, Léda, Dionysos). Pour sauvegarder l'équilibre du monde, il dut mettre à mort Phaéton* et Asclépios*, provoquant la colère d'Apollon* (→ Apollon, Asclépios). En réalité, petit à petit, son pouvoir ne souffrait plus l'opposition : il punit cruellement Prométhée*, sans lequel, pourtant, il n'aurait pu vaincre les Titans, d'avoir voulu aider les hommes, réduits à la misère par le roi des dieux. Héra supportait mal ses infidélités ; une des plus fameuses fut consommée avec Europe, une jeune princesse syrienne, que Zeus, transformé en taureau, enleva, alors qu'elle s'amusait sur une plage. La passion de Zeus pour la beauté ne se limitait pas aux jeunes filles ; il fut pareillement séduit par un jeune berger, Ganymède, et décida de l'enlever lui aussi. Il prit, cette fois, l'apparence d'un aigle, emporta l'adolescent dans ses serres et le conduisit sur l'Olympe, où il fut chargé de verser chaque jour aux dieux le nectar et l'ambroisie qui leur confèrent l'immortalité.

Zeus n'en faisait donc qu'à sa tête, et même s'il donna le jour à de valeureux héros qui se mirent au service de l'humanité (→ Héraclès, Persée), certains parmi les dieux commençaient à murmurer contre celui qui ne faisait guère mieux que son prédécesseur. C'est Gaia* qui prit l'initiative : lassée du comportement de son petit-fils, elle poussa à la révolte les Géants*, ses fils, qu'elle rendait immortels et invincibles grâce à une herbe magique qu'elle produisait. Zeus et les Olympiens étaient dans une fâcheuse posture ; le roi des dieux eut alors l'idée d'ordonner au Soleil, à la Lune et à l'Aurore de ne plus se lever : la Terre, entourée d'obscurité, fut incapable dès lors de faire pousser l'herbe magique. La gigantomachie (« la bataille des Géants ») eut lieu et les dieux parvinrent à neutraliser leurs ennemis. Héraclès*, néanmoins, dut les achever de ses flèches empoisonnées, car seul un mortel pouvait tuer les Géants (→ Géants). Ce fut l'épreuve qui souda la solidarité des Olympiens : le pouvoir de Zeus sur les dieux et les hommes ne fut désormais plus remis en cause.

Assis sur son trône au sommet de l'Olympe, Zeus rend la justice et s'occupe du destin des hommes ; il n'est cependant que le garant de l'ordre du monde et ne peut en aucun cas changer le cours du destin. Invoqué comme l'ultime arbitre, il juge les différends qui opposent les dieux et les hommes : ainsi est-il pris à partie dans l'affaire de l'enlèvement de Perséphone* (→ Déméter, Hadès) ou délègue-t-il son pouvoir en nommant un juge à sa place (→ Pâris).

Zeus est donc sans aucun doute le plus puissant des dieux grecs ; il intervient dans la plupart des récits mythologiques, car tout sur terre comme dans le ciel lui doit obéissance. Toutefois, l'histoire de son pouvoir, qui n'a pas été exempt de despotisme, montre que les dieux, comme les hommes, sont susceptibles de céder à la démesure ; la légende de Zeus, en un sens, est un encouragement pour tous les hommes à résister à la tentation de l'orgueil.

INDEX DES PRINCIPAUX NOMS LATINS

LES OLYMPIENS

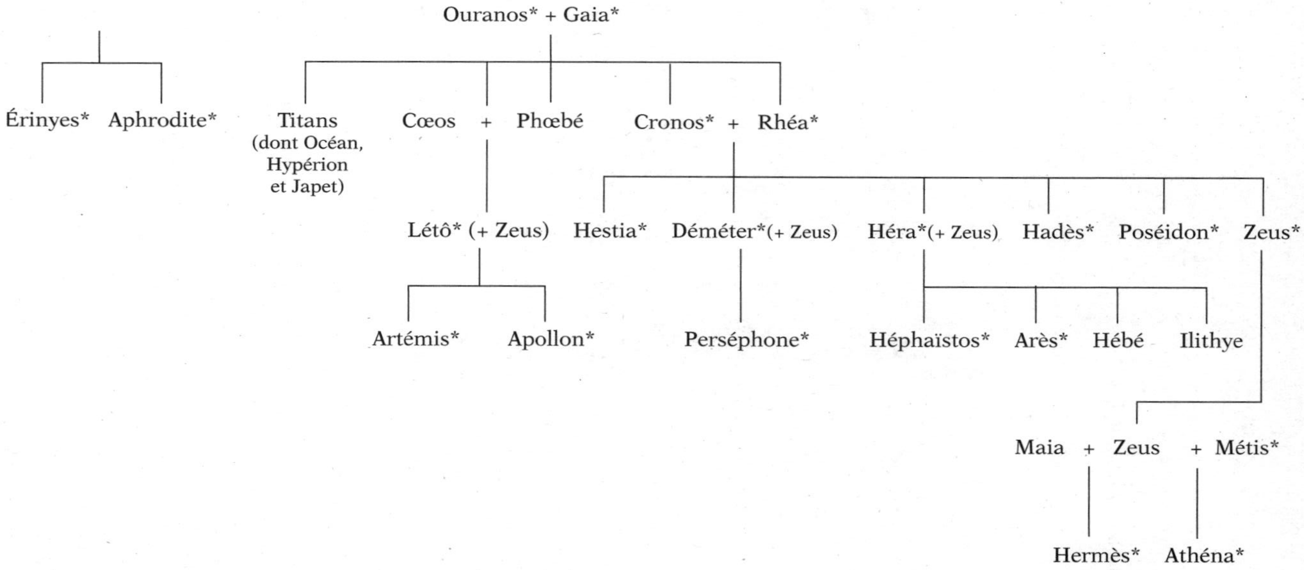

LES ATRIDES

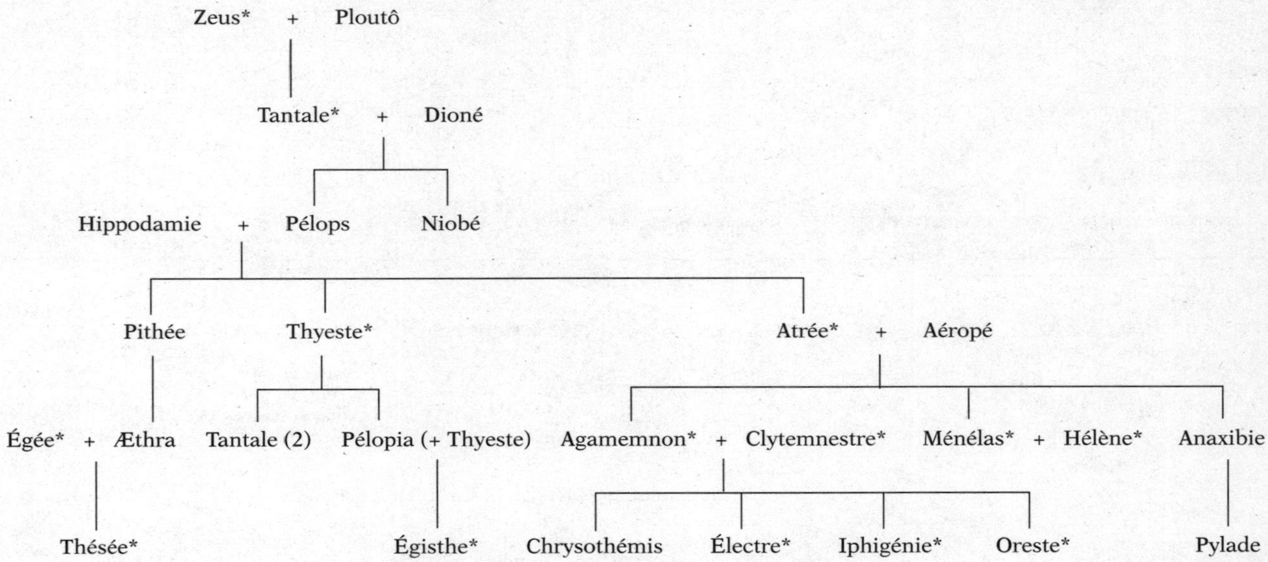
Zeus* + Ploutô
Tantale* + Dioné
Hippodamie + Pélops
Niobé
Pithée
Thyeste*
Atrée* + Aéropé
Égée* + Æthra
Tantale (2)
Pélopia (+ Thyeste)
Agamemnon* + Clytemnestre*
Ménélas* + Hélène*
Anaxibie
Thésée*
Égisthe*
Chrysothémis
Électre*
Iphigénie*
Oreste*
Pylade

HECTOR ET LA MAISON ROYALE DE TROIE

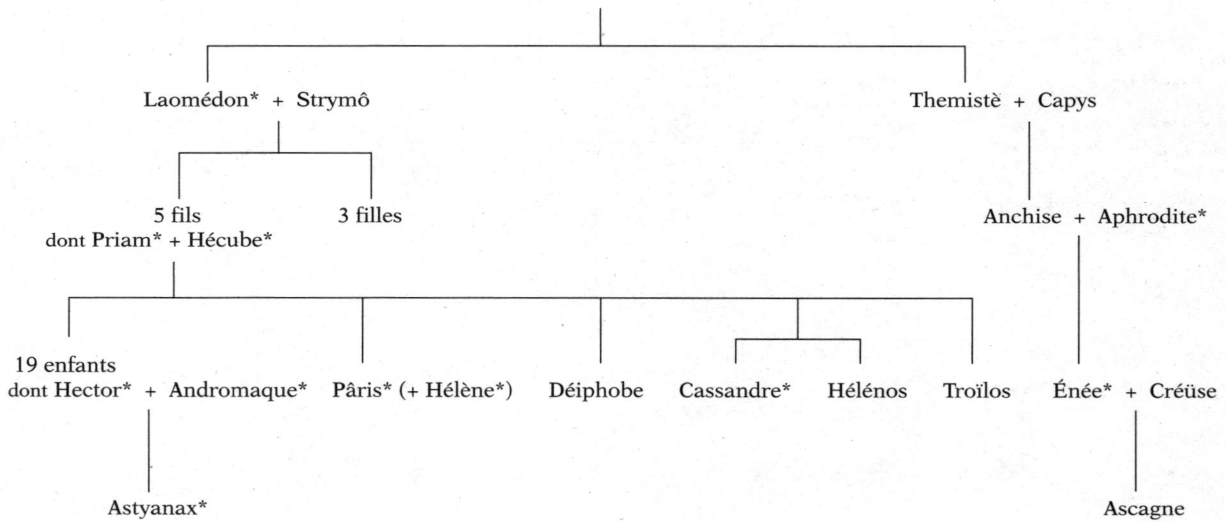

LA COMPLEXE GÉNÉALOGIE D'ŒDIPE

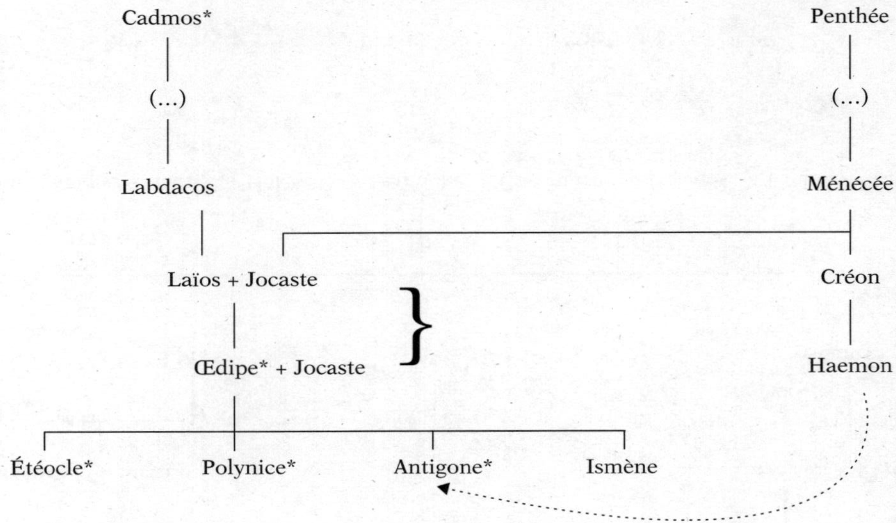

TABLE

Achevé d'imprimer en Italie par Grafica Veneta
en décembre 2018
Dépôt légal février 2019
1er dépôt légal dans la collection août 2015
EAN 9782290201169
OTP L21ELLN000963N001

—

Composition PCA

—

ÉDITION J'AI LU
87, quai Panhard-et-Levassor, 75013 Paris
Diffusion France et étranger : Flammarion

Librio
593